À paris;

À paris;

최연정 · 최지민 지음

P R O L O G U E

파리에서의 게으름은
열심히 달려온 내 삶에 대한 '선물'이고
다시 나아가기 위한 '쉼표'였다.

'여행은 살아보는 거야.'라고 속삭이는 광고 카피를 들을 때마다 그 짧은 말 한 마디에 감성이 말랑해지고 마음속 깊이 접어두었던 여행에 대한 로망이 피어오른다. 확실히 요즘 사람들이 꿈꾸는 여행은 예전과 많이 달라진 것 같다.
우리 역시 그랬다. 십 년 전, 내게 애증의 도시였던 파리를 떠나면서 다시는 올 일이 없을 줄 알았다. 하지만 아름다운 추억도 힘들었던 추억도 조금씩 그리움으로 바뀌어갔고, 다시 파리를 꿈꾸게 되었다.

다양한 장소와 공간에서 제대로 파리를 만끽해보고 싶은 욕심에 한 달 동안 세 번이나 이사(?)를 감행했고 네 곳에서 머물렀다. 마음에 드는 공간을 빌려 생활하고 동네를 산책하고 돌아오는 길에 장을 봐서 요리도 하고, 좋아하는 미술관을 편안하게 즐기고, 서점에서 책도 읽고 가끔은 마음에 드는 비스트로에서 맛있는 음식도 먹어보고…
그렇게 다시 파리에서 살아보고 싶었다.

언젠가 꿈을 이룰 수 있을 거란 믿음으로 앞만 보고 달렸다. 파리의 유명 레스토랑의 인턴을 거쳐 프렌치 레스토랑 '르끌로'의 사장님을 만났고 그곳의 주방을 책임지게 되었다. 이후 레스토랑을 인수받아 오너 셰프로 일했다. 겉으로는 멋져 보이지만 이 모든 일이 쉽지는 않았다. 사계절을 휴일도 없이 주방에서 인고의 시간을 보내야 했다. 마음속에 늘 새기고 있는 말 'prends le temps'처럼 삶을 여유롭게 즐기고 싶었지만 도무지 시간이 나지 않았다. 그런데 결국 여러 일들이 겹쳐 8년 동안 일하던 레스토랑의 문을 닫게 되고, 우리의 새 공간인 '아뜰리에 십오구'를 열게 되었다. 뒤돌아 생각해보면 십 년이라는 시간이 눈 깜빡할 사이에 지나갔다.

그동안 웃는 일도 많았지만 그만큼 어려운 일도 많았다. 늘 휴식에 목말랐고, '언젠가 여유가 생기면 앞뒤 가리지 말고 며칠이든 몇 주든 떠나보리라.' 마음먹었다.

이번 파리에서의 게으름은 열심히 달려온 내 삶에 대한 '선물'이고 다시 나아가기 위한 '쉼표'였다.

CONTENTS

PROLOGUE

파리에서의 게으름은 열심히 달려온 내 삶에 대한
'선물'이고 다시 나아가기 위한 '쉼표'였다   4

Jour 1 십 년 만의 파리를 그저 느끼고 싶은 날   8

Jour 2 걷는 것만으로도 충분한 날   16

Jour 3 파리지엔의 일상을 훔쳐보는 재미   28

Jour 4 자기만의 방법으로 공원을 즐기는 사람들   38

Jour 5 파리의 바게트는 그냥 다 맛있어   52

Jour 6 파리에서 브런치를   62

Jour 7 여행에도 일요일이 필요하다   72

Jour 8 과거로 떠난 시간 여행   82

Jour 9 두 번째 집   94

Jour 10 파리의 건축물 & 요리 전문 서점   102

Jour 11 파리의 미술관 산책   112

Jour 12 내가 파리를 좋아하는 이유   124

Jour 13 내가 사랑하는 파리의 서점들   134

Jour 14 파리의 벼룩시장   144

Jour 15 온전히 쉬는 날   152

Jour 16	세 번째 집	156
Jour 17	미치도록 더운 날 나만의 휴식처	164
Jour 18	나만의 소울 푸드	174
Jour 19	창문이 액자가 되는 공간	182
Jour 20	거리에서 우연히 만난 것들	190
Jour 21	느낌 있는 거리 푸아소니에르	204
Jour 22	이름만큼이나 낭만적인 낭만주의 미술관	218
Jour 23	네 번째 집	226
Jour 24	파리의 재래시장 & 주말 마켓	236
Jour 25	매일 보고 싶은 것들	246
Jour 26	파리에서 매일매일 해야 할 일들	258
Jour 27	날씨가 너무 좋아 앉아있기도 아까운 날	272
Jour 28	도시 전체가 거대한 미술관	284
Jour 29	파리 안에 또 다른 파리	294
Jour 30	오 르보아, 파리	302

EPILOGUE

일상이 여행인 것처럼
여행이 일상인 것처럼   306

Vis pour voyager et voyage pour vivre

Jour 1

십 년 만의 파리를
그저 느끼고 싶은 날

À paris;

오후 1시 암스테르담에서 기차를 타고 파리 북역으로 향했다. 기차를 타고 나서야 비로소 내가 파리에 가고 있다는 사실이 조금씩 실감 났다.
'아, 내가 이곳에 다시 오다니!'
오래전, 파리를 떠날 때 다시는 올 일이 없을 줄 알았다. 파리는 내게 여러 추억이 공존하는 애증의 도시다. 시간이 지나면서 즐거운 추억도, 아픈 추억도 조금씩 그리움으로 바뀌어갔고 언젠가부터 다시 파리를 꿈꾸고 있었다. 파리 북역의 그라피티를 멍하니 바라보며 옐로우 빛의 파리가 다가올수록 설명할 수 없는 감정으로 눈물이 핑 돌았다. 그리고 가슴이 뛰었다.
하지만 두근거림도 잠시, 북역에 도착하자마자 나는 가방을 옷핀으로 수갑 채우듯 여미고, 손가방을 움켜지고,

또 하나의 가방은 옷끈으로 가슴에 바짝 묶고… 전투태세로 파리 북역 탈출 작전을 펼쳤다. 이곳은 파리에 살 때도 위험해서 온 적이 없다. 그래서 기차에서 내리자마자 바짝 긴장을 하고 오로지 택시 승강장만 찾았다. 다행히 동행하는 사람들이 많아 불법 택시를 호객하는 사람들에게서 쉽게 벗어날 수 있었지만, 전날부터 나는 '파리 북역'이라는 말만으로도 무서움에 잠을 설칠 정도였다.

'je voudrais aller à musée de picasso, s'il vous plaît(피카소 뮤지엄으로 가주세요)'라는 문장을 만들기까지 십 년이나 걸렸구나. 드디어 너와 나의 파리, 우리의 파리에 도착했구나! 이 순간까지 참 오래도 걸렸구나.

Vis pour voyager et voyage pour vivre

À paris;

Vis pour voyager et voyage pour vivre

첫 번째 집은 마레 지구에서 팔라펠로 유명한 유대인 거리에 있었다.
아트 스튜디오처럼 꾸며진 집은 들어서자마자 마음에 쏙 들었다.
아티스틱한 탁자며 파리하면 떠오르는 파티션, 울퉁불퉁한 바닥,
그리고 좁디좁은 엘리베이터까지… 전형적인 '파리의 집' 이었다.

파리에서의 첫 번째 집
아트 스튜디오처럼 꾸며놓은 파리의 4층 아파트.
tube: 마레 지구 중심에 있는 유대인 거리에 위치
price: 13만 원대
reservation: www.airbnb.co.kr

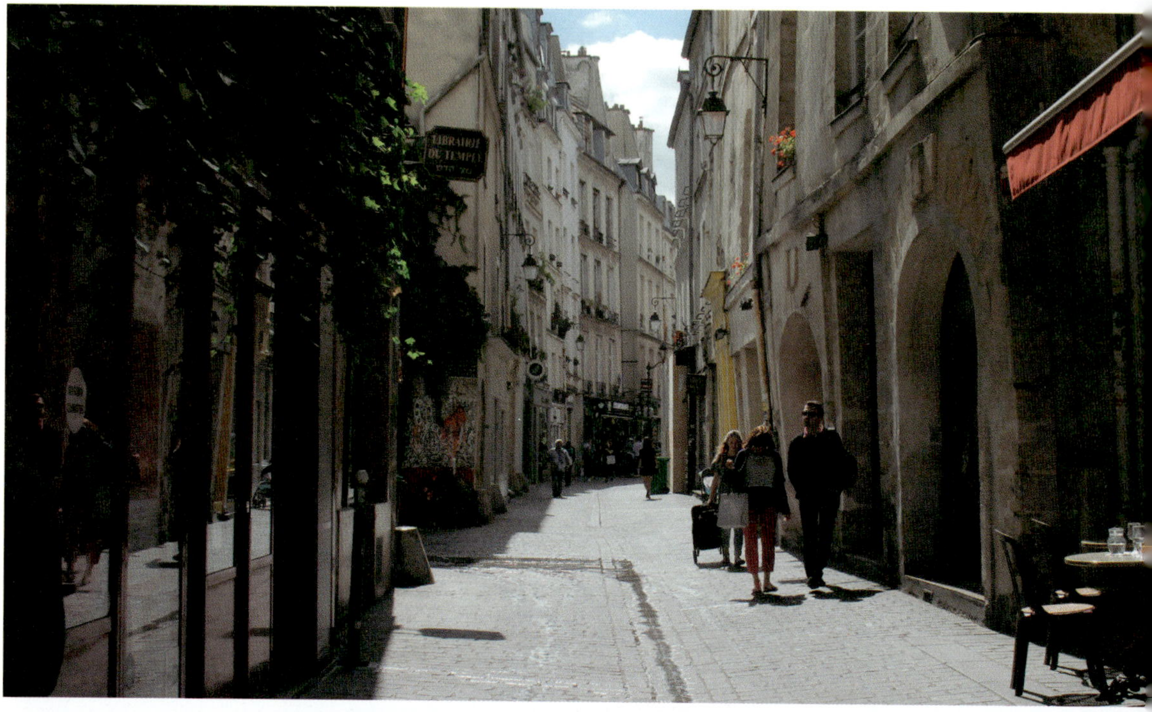
LIBRAIRIE DU TEMPLE

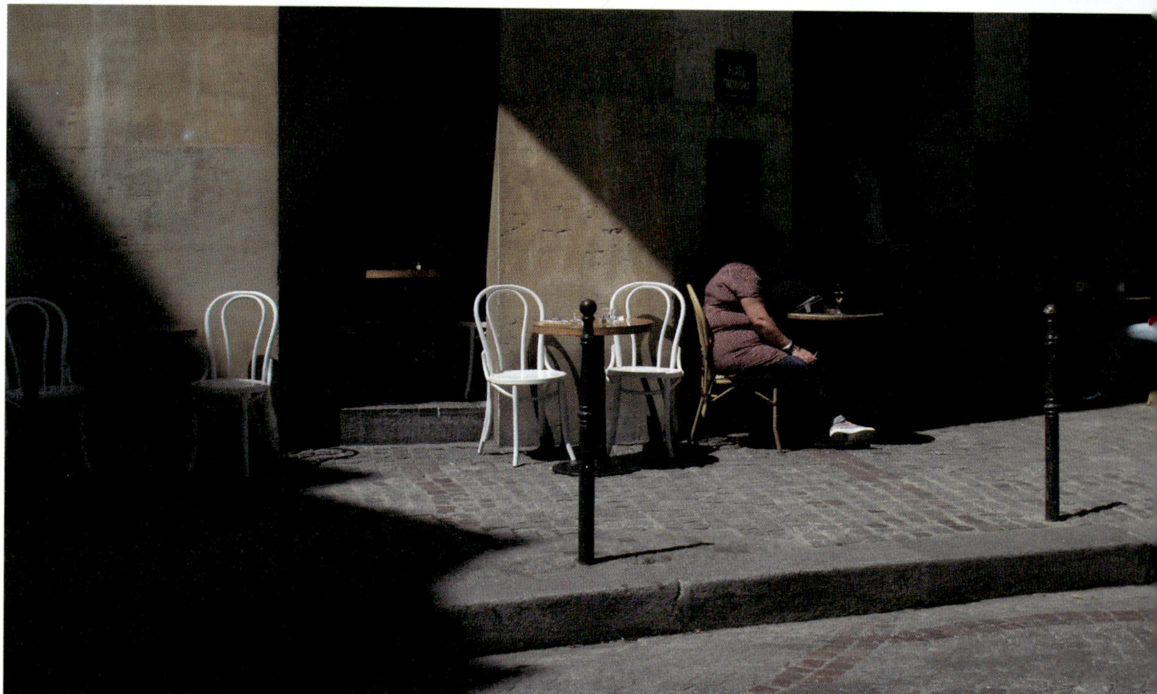

Vis pour voyager et voyage pour vivre

십 년 만의 파리를 느껴보고 싶은 마음에
짐을 던져두고 무작정 집을 나왔다.
첫 날만큼은 특별한 계획 없이, 목적 없이 그냥 걷고 싶었다.

마레에서 생 제르망 거리까지 생수 한 통을 들고 걷다보니
솔솔 불어오는 바람에 기분이 좋아졌다.
적당히 지저분하고 자유분방한 파리의 골목길은
언제나 편안하고 친근하다.
좁은 골목골목의 노천카페 테이블에 앉아
즐겁게 이야기 나누는 사람들의 여유로움이 좋았다.

Vis pour voyager et voyage pour vivre

Jour 2

걷는 것만으로도
충분한 날

À paris;

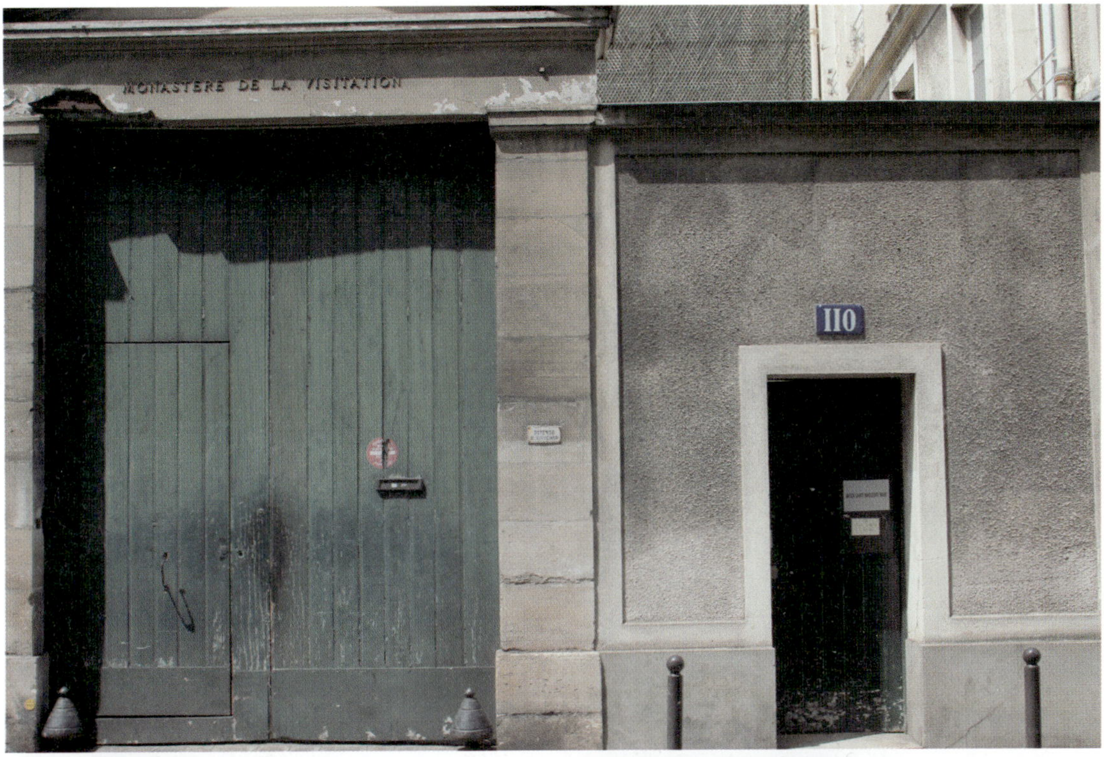
MONASTERE DE LA VISITATION
110

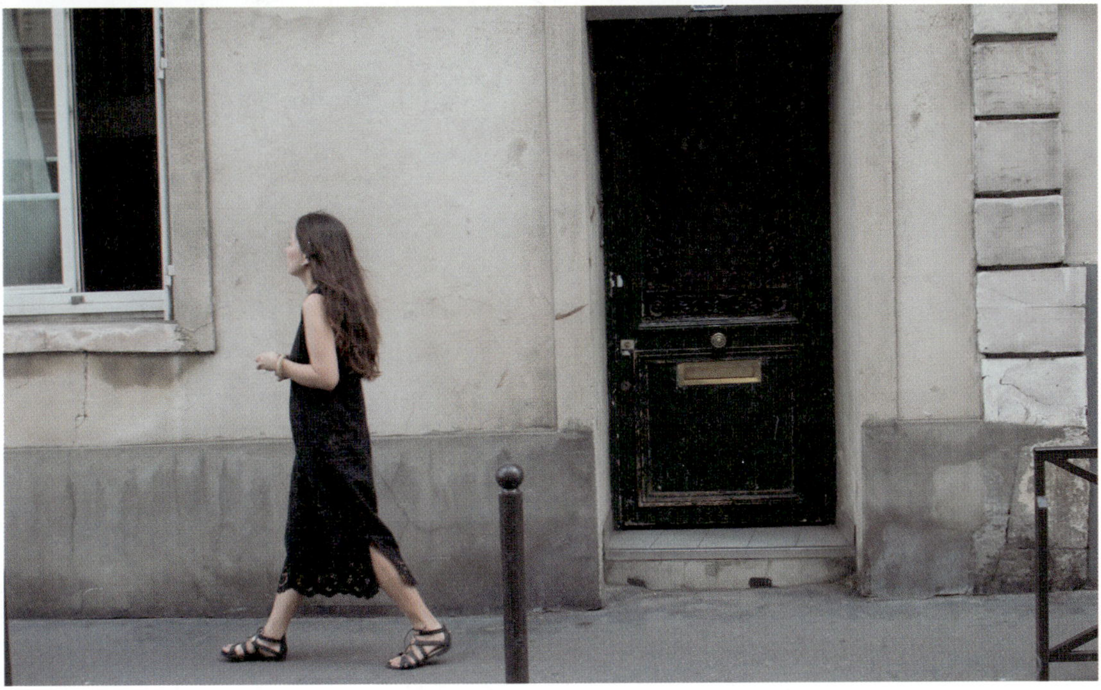

Vis pour voyager et voyage pour vivre

새벽 5시가 넘으면 해가 뜨고 저녁 10시가 넘어서야 겨우 해가 졌다.
시차 적응이 덜 된 탓에 해가 뜨는 새벽 5시쯤 일찍 눈을 떴고
저녁에도 8시부터 잠이 들었다.
뭔가를 해야 한다는 강박관념 없이
일어나고 싶을 때 일어났고 잠들고 싶을 때 잠자리에 들었다.
마레 한가운데 있는 집이라 밖에서 웅성웅성
프랑스어와 다양한 나라의 말이 섞여 배경음처럼 들려왔다.
그마저도 자장가처럼 달콤하기만 했다.

Vis pour voyager et voyage pour vivre

두 번째 날도 특별한 계획은 세우지 않았다.
느지막이 일어나 마레와 마레 주변을 천천히 걷는 것이 전부였다.
파리는 정말이지 어느 도시보다 산책하기 좋은 곳이다.
모든 방향이 연결돼 있어 지도를 볼 필요도 없이
걸어 다니다 보면 머릿속에 나만의 지도가 완성된다.

6월의 파리는 따뜻했다.
춥지도 덥지도 않은 파리의 날씨가,
그곳의 공기가 나를 포근하게 안아주는 것 같았다.
거기에 손을 뻗으면 닿을 것만 같은 맑은 하늘까지!
멍하니 하늘을 바라보다가 눈이 부셔 찡긋 했는데
순간 나도 모르게 '아 행복해!'라고 말하고 있었다.

어쩌면 행복이라는 것이 별게 아닌지도 모른다.
햇살 아래 반짝이는 나뭇잎 하나가,
코끝을 잠시 스친 그곳만의 향기가,
뺨에 와닿은 시원한 바람 한 줄기가,
찰나의 행복을 만들어주고
이런 작은 순간이 모이고 모여
나를 행복한 사람으로 만들어주는지도 모른다.

생 마르탱 운하 주변에 보석 같은 장소가 하나 있는데,
바로 다양한 디자인 서적과 사진, 매거진, 그림책이 있는
아타자르 디자인 서점(artazart design book)이다.
책뿐 아니라 특색 있는 문구와 소품까지 만나볼 수 있는 곳이다.

아타자르 디자인 서점 artazart design book
휴일이 없어 언제나 부담 없이 갈 수 있는 곳이다.
open: mon∼sat 10:30∼19:30, sun 1:00∼19:30
tube: 83 Quai de Valmy, 75015 paris
www.artazart.com

생 마르탱 운하 Canal Saint Martin
서울에 가족 나들이 코스로 청계천이 있다면 파리 사람들에게는 생 마르탱 운하가 있다. 19세기 초 파리 시민들의 식수 공급을 위해 지어져 수송로 역할까지 했으나, 요즘은 관광객을 태운 유람선이 주로 지나다닌다. 영화 〈아멜리아〉의 촬영지로 유명한데, 요즘은 주변에 파리에서 핫한 카페들이 많이 생겼다.

Vis pour voyager et voyage pour vivre

천천히 서점을 둘러보다가 올 6월에 나온
《VILLAGE ST-MARTIN LE GUIDE 2017/18》라는
가이드북을 한 권 샀다.
생 마르탱 운하 지역에 가면
운하 이외에 어디를 가야 할지 막막할 수 있다.
괜찮은 카페나 숍들은 거리 곳곳에 숨어 있기 때문이다.
이 책에는 재미있는 일러스트와 함께
생 마르탱 운하 주변의 잘 알려지지 않은 카페와 숍이
감각적으로 소개돼 있다.
그림이 예뻐 소장하고 있는 것만으로도 행복해지는 책이다.

Vis pour voyager et voyage pour vivre

돌아오는 길에는 모노프리와 프랑프리 슈퍼마켓에 들렀다.
아침거리와 저녁거리를 사기 위함이었지만,
로컬 푸드를 구경하는 것은 언제나 흥미로운 일이다.
식재료 이외에도 어찌나 구경거리가 많은지,
슈퍼마켓은 내게 백화점보다 재미있고 신기한 곳이다.

레몬, 토마토, 꼼떼 치즈, 라비올리, 샐러드 야채, 요플레…
간단하게 만들 수 있는 요리 위주로 필요한 재료를 골라 집으로 왔다.

모노프리 monoprix
한국의 이마트 같은 슈퍼. 파리 곳곳에 위치하고 있다. 파리에서 가벼운 선물을 사고 싶다면
이곳을 공략해봐도 좋다. 각 지점마다 영업시간이 다르니 가기 전에 확인해볼 것.

프랑프리 franprix
모노프리와 더불어 프랑스에서 가장 대중적인 슈퍼.
프랑프리도 각 지점마다 영업시간이 다르니 가기 전에 확인해두는 것이 좋다.

Vis pour voyager et voyage pour vivre

À paris

Vis pour voyager et voyage pour vivre

Jour 3

파리지엔의 일상을
훔쳐보는 재미

À paris;

조금씩 파리의 시간에 익숙해져가는 것인지,
다른 날보다는 조금 늦게 눈을 떴다.
아침 공기를 마시려고 무심코 여닫이창을 활짝 열었는데
앞집 부부가 식사하는 모습이 보여 얼른 창의 각도를 줄였다.
이웃집 창밖으로 오래된 노래가 흘러나왔다.
'아 진짜 파리에 왔구나!'
파리의 아파트는 중앙 뜰을 중심으로
이웃집끼리 창이 마주 보고 있는 경우가 많다.
예전엔 이것이 불편해 커튼을 꼭 치곤 했는데
오랜만에 경험하는 파리의 아파트와
타인의 일상을 훔쳐보는 재미가 그리 나쁘지 않았다.

Vis pour voyager et voyage pour vivre

마레는 예쁜 숍도, 세련된 사람들도,
구석구석 숨겨진 공원도, 멋진 뮤지엄도 많다.
엄청난 보물들이 숨겨져 있다.
비어 있는 가게마저 멋져 보이는 곳!

코냑 제이 박물관 Musée Cognacq-Jay
테오도르 에른스트 코냑과 그의 부인 마리 루이즈 제이의
수집품으로 꾸며진, 18세기 미술품을 살펴볼 수 있는 박물관.
무료 관람이지만 특별 전시의 경우 유료다.
open: tue~sun 10:00~18:00
tube: 8 Rue Elzevir, 75003 Paris
www.museecognacqjay.paris.fr

카소 csao

가벼운 손거울부터, 예쁜 접시, 가방, 베게 등 다양한 소품을 판매하는 곳이다. 오기 전부터 SNS를 통해 아프리카에서 직접 만든 제품을 공정무역 과정을 통해 수입한다는 정보를 알고 있었던 터라 꼭 방문해보고 싶었다. 디자인과 색감부터 흔히 볼 수 없는 아프리카의 개성이 뚜렷이 드러나는 물건들이 가득하다. 이곳뿐만 아니라 파리의 백화점과 매장에서는 종종 '아프리카'를 주제로 한 소품들을 전시, 판매하고 있다.

open: tue~sat 11:00~19:00, sun 14:00~19:00
tube: 9 Rue Elzevir, 75003 Paris
www.csao.fr

À paris; 33

점심식사를 하러 예전에 자주 가던 크레프리 슈제트를 찾았다.
파리에 오면 가장 먹고 싶었던 것이 바로 이곳의 갈레뜨다.
10년 전과 비교했을 때 그 바삭함은 줄었지만
여전히 짭조름한 맛이 입에 딱 맞았다.
이곳 음식 중 가장 기본적인 잠봉과 달걀을 추천한다.
거기에 애플 시드르까지 곁들이면 C'est bon(정말 맛있어요)!

크레프리 슈제트 Créperie Suzette
유학시절 자주 오던 집으로 갈레뜨와 샐러드가 맛있는 집이다.
관광객보다는 현지인들이 주로 찾는 곳이라 좀 더 제대로 파리를 느낄 수 있다.
open: mon~sun 12:00~22:30
tube: 24 Rue des Francs Bourgeois, 75003 Paris

Vis pour voyager et voyage pour vivre

À paris; 35

파리에서 밥 해 먹기 샐러드 파스타

샐러드 파스타는 신선한 야채만 있으면 어렵지 않게 뚝딱 만들 수 있다. 입맛 없을 때 간단하게 만들어 먹을 수 있는 대표적인 메뉴 중 하나다. 다이어트 대용식이나 가벼운 저녁식사로 준비하면 좋다. 샐러드 야채는 그냥 집에 있는 것으로 편하게 준비하면 된다.

Vis pour voyager et voyage pour vivre

ingredient

마요네즈 1큰술
레몬즙 1개 분량
소금 약간
후추 약간
샐러드 야채 1줌
삶은 감자 1개
꼬니숑(오이지) 2개
토마토 1개
꼼떼 치즈 50g

recipe

1. 레몬, 마요네즈, 소금, 후추를 섞어 드레싱을 만든 다음 20분 정도 둔다.
2. 삶은 감자와 꼬니숑을 먹기 좋은 크기로 손질한다.
3. 토마토와 꼼떼 치즈를 먹기 좋은 크기로 손질을 한다.
4. 1, 2, 3을 모두 넣어 섞어준다.
5. 접시에 담아 마지막에 후추를 뿌리면 완성.

Vis pour voyager et voyage pour vivre

Jour 4

자기만의 방법으로
공원을 즐기는 사람들

À paris;

아침 일찍부터 거리에 다니는 청소차 소리에 눈을 떴다.
전날 사둔 바게트의 반을 갈라 잼을 잔뜩 발라서
주스와 커피를 곁들여 마셨다.
한국에서와 비슷한 아침이지만 출근 시간이 없으니 느긋했다.
파리에서는 창문을 열어두고 멍하니 앉아 있는 시간이 많았다.
가끔씩 주인 언니가 두고 간 책을 뒤적여보기도 했다.
아파트의 주인장은 동양 문화를 참 좋아하나 보다.
서예 붓이나 향, 한자가 적힌 컵과 다기들이 집 안에 가득했다.

Vis pour voyager et voyage pour vivre

À paris; 41

Vis pour voyager et voyage pour vivre

마레를 걷다보면 일부러 가지 않아도
보주 광장 앞을 지나가게 된다.
점심때쯤 이곳을 지나다 보면
분수대에서 역동적으로 물장난하는 십 대들이 자주 보인다.
그 외에도 잔디밭에 누워 선탠을 즐기거나 낮잠을 자는 사람,
반듯하게 깎은 초록 나무 밑에 앉아 피크닉을 즐기는 사람,
여유롭게 책을 읽는 사람, 천진난만하게 물놀이하는 아기들…
자기만의 방식으로 공원을 즐기는 사람들이 곳곳에 흩어져 있다.
파리에서 가장 오래된 광장인 동시에 수많은 광장 중에서도
아름답기로 손꼽히는 장소라 늘 사람들로 붐빈다.

보주 광장 Place des Vosges
tube: Place des Vosges, 75004 Paris

빅토르 위고 생가(Maison de victor hugo)는
프랑스의 가장 위대한 작가로 손꼽히는
〈노트르담 드 파리〉의 작가 빅토르 위고가 태어난 곳으로
지금은 그를 흔적을 살펴볼 수 있는 기념관으로 꾸며져 있다.
건물 2층 창을 통해 보주 광장 전체가 내려다보이고,
건물 안에는 그의 인생을 엿볼 수 있는 일곱 개의 방이 있다.
드로잉, 사진, 당시 사용된 오브젝트들이 전시돼 있는데
그중에서도 가장 눈길을 끄는 것은 방마다 특색이 다른
실내디자인과 장식이다.
그는 문학뿐만 아니라 드로잉, 데커레이션에도 재능이 있어
직접 장식품이나 가구를 고르기로 하고 인테리어에 참여하기도 했다.
이런 작업들은 그의 작품에도 큰 영감을 주었는데
특히 'Le salon chinois'라는 방에서
그가 얼마나 능력 있는 데커레이터였는지 알 수 있었다.

Vis pour voyager et voyage pour vivre

빅토르 위고 생가 maison de victor hugo
보주 광장 건너편에 위치하고 있으며 입장료는 무료다.
tube: 6 Place des Vosges, 75004 Paris
open: tue~sun 10:00~18:00

딱히 필요한 물건도 없지만
괜히 화방만 보면
들어가보고 싶어진다.
색색의 물감들을 보는 것만으로도
괜히 기분이 좋아진다.

카르뱅 파리 Charvin Paris
1830년에 만들어진 세잔, 보나르 같은 유명화가들이 이용하던 화방.
다양한 오일과 물감 그리고 미술용품으로 가득한 곳.
tube: 57 Quai des Grands Augustins, 75006 Paris
www.charvin-arts.com

Vis pour voyager et voyage pour vivre

파리에서 밥 해 먹기 라비올리 샐러드

파리에 오기 전 우리 계획은 파리에서도 저녁 정도는 직접 해 먹는 것이었다. 한국에서도 프렌치 쿠킹 스튜디오를 운영하고 있어 매일 프랑스 음식을 먹고 있지만, 현지에서 로컬 푸드로 요리한다는 건 또 다른 배움이기에 꼭 해보고 싶었던 일이다. 하지만 숙소에 들어서자마자 주방을 보고 실망하지 않을 수 없었다. 가스 사용도 가능하고 개수대도 있었지만 간단하게 삶는 것만 가능할 정도로 시설이 열악하고 위생 상태도 좋지 않았다.
간단하게 불만 사용해 만들 수 있는 재료를 찾다 보니 라비올리가 눈에 들어왔다. 라비올리는 삶아서, 각종 샐러드 야채와 소스를 섞기만 하면 되는 요리기 때문이다. 슈퍼마켓에 가면 생 라비올리에 토마토가 들어 있거나 소고기가 들어 있는 것이 있는데, 우리는 고기가 들어간 것을 선택했다.
카페나 레스토랑에 가면 이곳 사람들이 어떤 것을 주로 먹는지 유심히 살펴보게 되는데 메인 요리 대신 푸짐한 양의 샐러드를 많이 주문했다. 한국에서도 샐러드를 자주 먹는 편이지만 저들처럼 살아보기로 했으니 파리 스타일의 샐러드를 가능한 많이 경험해보고 떠나기로 결심했다.

À paris; 49

ingredient

생 라비올리 12개
샐러드 야채 적당량
토마토 1개
다진 에샬롯 1개
올리브유 6큰술
레몬즙 1개 분량
다진 생 바질 2줄기 분량
소금 약간
후추 약간

recipe

1. 다진 에샬롯, 레몬즙, 올리브유, 소금, 후추, 다진 생 바질을 잘 섞어 드레싱을 만든 다음, 냉장고에 차갑게 보관해둔다.
2. 끓는 물에 라비올리를 4분 정도 삶다가 다 삶아지면 물기를 제거해 식혀준다.
3. 토마토는 먹기 좋은 크기로 손질한다.
4. 샐러드 야채, 토마토, 삶아서 식힌 라비올리, 냉장고에 보관해둔 드레싱을 함께 섞으면 완성.

Vis pour voyager et voyage pour vivre

Vis pour voyager et voyage pour vivre

Jour 5

파리의 바게트는
그냥 다 맛있어

À paris;

하루 종일 머물고 싶은 집이다.
대문을 나서면 거리에 사람들이 넘치지만
대문을 들어서는 순간,
밖과는 전혀 다른 공간이 펼쳐진다.
아침의 싱그러운 햇살도 오후의 따뜻한 햇살도,
한밤의 노란 불빛조차 사랑스러운 공간이다.

Vis pour voyager et voyage pour vivre

사진에 관심이 많아 사진전이나 사진 전문 서점에 많이 가보고 싶었다.
앙리 카르티에 브레송 재단의 2층, 3층에서는 특별 전시 중이라
앙리 카르티에 브레송 사진을 충분히 감상하지는 못했지만,
그 장소에 갔다는 것만으로도 내겐 큰 의미가 있었다.

Vis pour voyager et voyage pour vivre

앙리 카르티에 브레송 재단 Fondation Henri Cartier-Bresson
open: tue, thu, fri 13:00〜18:30, wed 13:00〜20:30, sat 11:00〜18:45, sun 13:00〜18:30
tube: 2, Impasse Lebouis, 75014 Paris
www.henricartierbresson.org
우리가 방문했던 **2017년 6월의 특별 전시:** Claude Iverné-The Bilad es Sudan exhibition

À paris; 57

몽파나르스 묘지에는 장 폴 사르트르, 시몬드 보부아르,
샤를 보들레르, 세르쥬 갱스부르, 기 드 모파상 등
유명 인물들이 매장되어 있다.
굳이 찾아가지 않아도 되지만 앙리 카르티에
재단 근처에 있으니 가는 길에
한 번쯤 들러보면 좋다.

몽파나르스 묘지 | Cimetière du Montparnasse
open: mon~fri 8:00~18:00, sat 8:30~18:00, sun 9:00~18:00
tube: 3 Boulevard Edgar Quinet, 75014 Paris

Vis pour voyager et voyage pour vivre

프낙 fnac
프낙은 파리에 곳곳에 있다. 지도에 검색해서 가장 근처에 있는 지점에 방문하면 된다.
www.fnac.com

프낙은 우리나라의 교보문고 같은 곳으로 각종 책과 DVD, 전자기기, 문구류 코너가 있다. 유학시절 불어 공부를 위해 만화나 영화를 자주 보았는데, 이곳에서 자주 DVD를 샀던 기억이 있다.

우리가 파리에 머물면서 방문했던 서점들은 주로 예술, 디자인 전문 서점이라 요리 관련 책은 그리 많지 않았는데 프낙에는 요리책들이 종류별로 구비돼 있었다. 우리는 간단한 조리법을 담은 요리책을 한 권 골랐다. 앞으로 세 번의 이사를 해야 하기 때문에 꼭 사야 하는 책은 마지막 주에 사기로 미뤄두었다.

Vis pour voyager et voyage pour vivre

"Une baguette tradition s'il vous plaît(바게트 하나 주세요)."
그냥 바게트도 맛있지만 나는 시간 맞춰 나오는
'비에누아즈'라는 바게트가 제일 맛있다.
버터가 많이 들어가서 굉장히 부드럽고 고소한 맛이 난다.
딱딱한 빵을 싫어하는 사람이라면 이 빵을 추천한다.
그 자리에서 하나 뚝딱 먹어치울 정도로 맛있다.

내게 "파리에서 가장 맛있는 바게트는요?"라고 묻는다면,
사실 아무 곳이나 들어가도 대부분 맛있다.
현지 주민들이 많이 찾는 곳이라면 어딜 가도 실패하지 않는다.

Vis pour voyager et voyage pour vivre

Jour 6

파리에서
브런치를

À paris;

Vis pour voyager et voyage pour vivre

오늘은 나의 꽃 선생님을 만나러 가는 날이다.
선생님은 우리가 운영했던 '르글로'의 단골손님이었다.
가게에 올 때마다 탐스러운 꽃을 한 아름씩 안겨주곤 하셨는데
덕분에 꽃이 얼마나 사람을 행복하게 해주는지 알게 되었다.
그때부터 나는 선생님께 프렌치 플라워를 배우기 시작했고
선생님께서는 레스토랑을 그만두고 쿠킹 스튜디오를
오픈하는 과정에도 많은 도움을 주셨다.

그녀는 매년 이맘때쯤 파리에 한 달씩 머물다 가시는데
이번에 파리에 있는 기간이 잠깐 겹쳐 만나기로 했다.
한국에서 가끔 보는 사이인데도,
그녀를 파리에서 만난다고 생각하니 또 다르게 설레는 아침이다.

클라우스는 외국의 트렌디한 여행책에 자주 소개되는 브런치 숍으로 오픈과 동시에 모든 좌석이 꽉 차는 파리의 핫 플레이스다. 아침 일찍 오픈한다는 게 장점이지만 가격이 착하지 않다는 게 단점이다.

클라우스 Claus - La Table du Petit-Déjeuner
open: mon~fri 8:00~17:00, sat, sun 9:30~17:30
tube: 14 Rue Jean-Jacques Rousseau, 75001 Paris
www.clausparis.com

Vis pour voyager et voyage pour vivre

À paris; 67

1823년에 지어진 갤러리 비비엔느는
아름다운 파사주(상점이 늘어선 통로) 중 하나이다.
짧은 길이지만 유리 천장과 아름다운 바닥 장식을 보는 것만으로도
파리스러움을 느낄 수 있는 아름다운 장소다.
다양한 상점과 갤러리, 레스토랑 등이 입점해 있는데
갖고 싶은 빈티지 서적들이 유독 많이 보였다.
한국으로 돌아갈 때의 수하물 무게를 생각하니 엄두가 나지 않아
솟아오르는 쇼핑 욕구를 꾹꾹 누르고 사진으로만 담아왔다.

Vis pour voyager et voyage pour vivre

갤러리 비비엔느 **Galerie Vivienne**
open: tue~fri 11:00~18:30, sat 11:00~24:00 & 13:00~18:30
tube: Rue des Petits Champs, 75002 Paris
www.galerie-vivienne.com

À paris;

Vis pour voyager et voyage pour vivre

'La Grande Epicerie de Paris'는
봉 마르쉐 백화점 안에 있는 식품관이다.
내가 파리에 머물면서 가장 자주 간 곳이기도 하다.
한국에서 보지 못한 다양한 향신료와 재료를 구경할 수 있어
그 어떤 곳보다 재미난 곳이다.
아이템들이 종류별로 잘 진열돼 있어
여러 가격대의 제품을 한눈에 살펴볼 수 있다.
자체 브랜드로 생산된 제품도 상당히 질이 좋고
좋은 가격대로 선보이고 있다.
특히 트러플을 종류별로 구비하고 있어서
말 그대로 bon marché!

봉 마르쉐 앞에는 신문과 잡지를 파는 가판대가 있다.
보통 다른 지역에도 같은 것을 팔고 있지만
이곳의 가판대는 조금 다르다.
식료품점 앞이라 그런지 각종 요리 매거진이 구비돼 있다.
바로 며칠 전 출간된 잡지도 있을 정도로 셀렉션이 다양하다.
전문 서점에 따로 방문할 시간이 없다면 이곳에서
가볍게 매거진 쇼핑을 하는 것도 나쁘지 않다.

La Grande Epicerie de Paris
open: mon~sat 8:30~21:00, sun 10:00~20:00
tube: 38 Rue de Sèvres, 75007 Paris
www.lagrandeepicerie.com

Vis pour voyager et voyage pour vivre

Jour 7

여행에도
일요일이 필요하다

À paris;

Vis pour voyager et voyage pour vivre

À paris; 75

사람들의 장바구니를 훔쳐보는 것만큼 재미난 일도 없다.
일어나자마자 시장에 갔더니 사람들로 넘쳤다.
우리도 그 틈에 제철인 납작 복숭아와 생 바질, 에샬롯,
아보카도, 바게트, 그리고 활짝 핀 작약도 한 단 샀다.

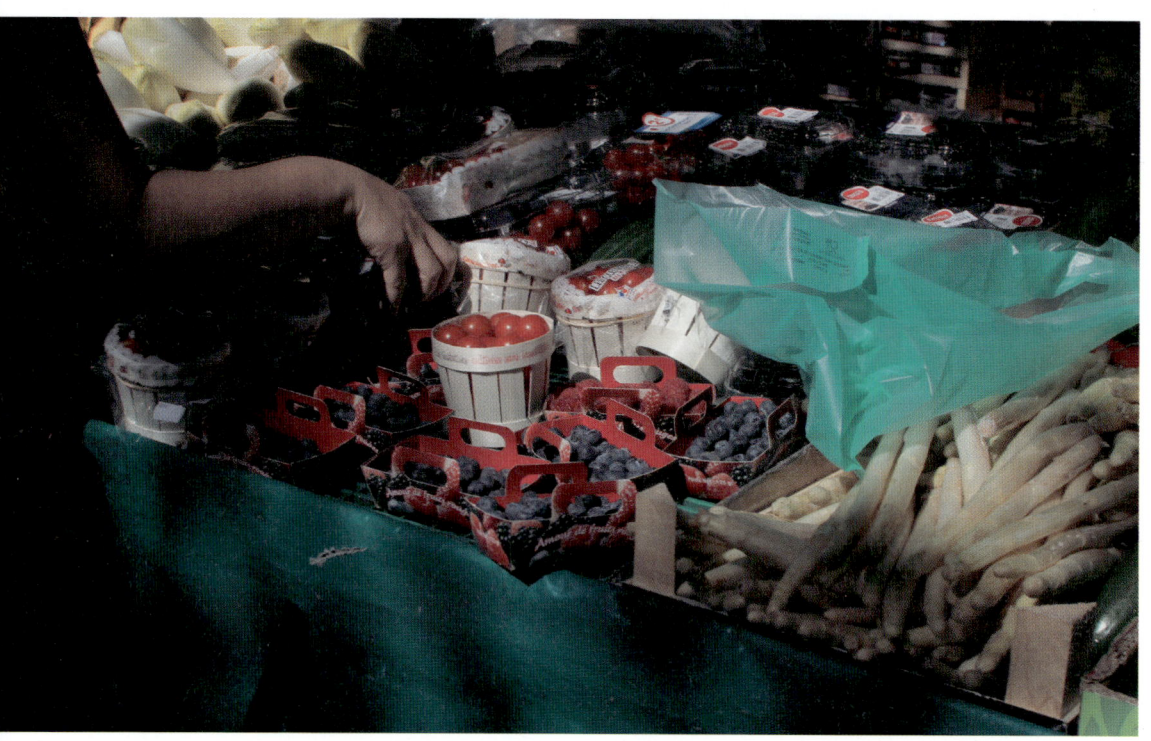

바스티유 시장 Marché Bastille
목요일과 일요일, 일주일에 두 번 장이 선다. 일정이 맞는다면 꼭 한번 들러보길 추천한다.
open: thu 7:00~14:30, sun 7:00~15:00
tube: 8 Boulevard Richard Lenoir, 75011 Paris
equipement.paris.fr

Vis pour voyager et voyage pour vivre

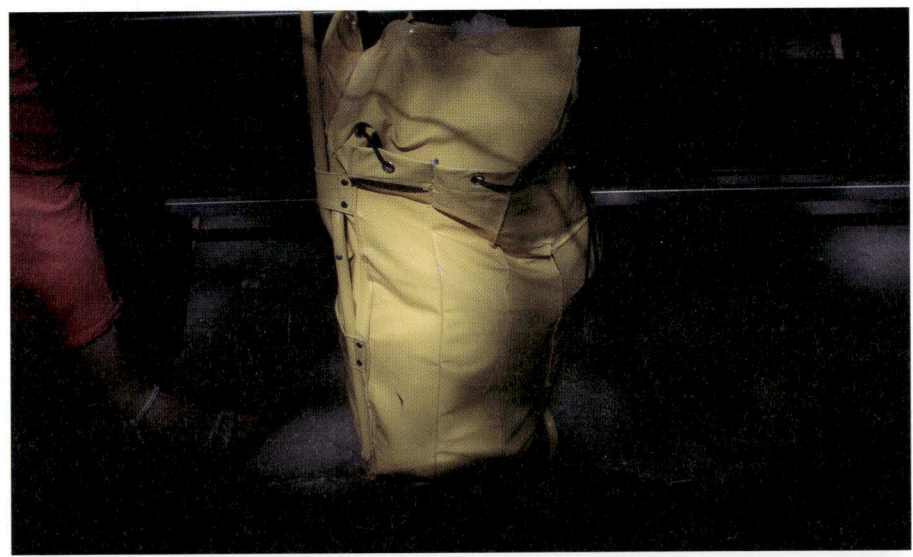

À paris;

Vis pour voyager et voyage pour vivre

여행지에서 무슨 꽃이냐 싶겠지만 꽃 한 다발을 사서
책상에 두는 것만으로도 기분이 좋아진다.
테이블에 꽃이 있는 것만으로도 마음에 여유가 생기고
여행자의 마음이 아닌, 진짜 이곳에 살고 있는 것 같은
생활자의 느낌을 가질 수 있다.
8유로만 주면 예쁜 작약 한 단을 살 수 있으니
그야말로 8유로의 행복이다.
가끔은 여행지에서도
나만을 위한 조그마한 사치를 부려보고 싶다.

바스티유 시장에서 산 것들
납작 복숭아, 생 바질, 에샬롯, 아보카도, 바게트
그리고 활짝 핀 작약 한 단

여행에도 일요일이 필요하다.
짧은 일정이었다면 일요일도 부지런히 다녔겠지만
긴 시간을 예정하고 파리를 왔기에
아침엔 시장을 둘러보고
오후에는 집에서 편히 쉬다가
집 앞 카페에서 커피 한 잔 하면서
사람 구경도 하며 여유로운 일요일을 보냈다.

여전히 파리 여자들은 예쁘다.
파리지엔의 패션을 구경하는 것만으로도
지루하지 않은 하루.

내가 추천하는 '파리에 관한 책'

《how to be a parisien》
처음에는 원서로 읽었는데 《파리지엔은 남자를 위해 미니스커트를 입지 않는다》라는 제목으로 한글판이 나왔다. 저자 중 한 명인 캐롤린 드 메그레가 출간과 동시에 '10 ways to be parisin'이라는 영상을 제작해 유튜브에 올렸는데 파리지엔을 살짝 비꼬는 듯한 영상이 아주 재미있다.

《프랑스 여자는 살찌지 않는다》
프랑스 요리를 수업하다 보면 수강생들이 "왜 프랑스 여자는 살찌지 않아요?" 하고 질문한다. "프랑스 사람들은 바게트, 크루아상, 디저트를 그렇게 많이 먹는데 왜 살이 찌지 않을까요?" 이 질문에 대한 답이 궁금했다면 이 책을 읽어볼 것! 많이 걷고 건강에 좋은 것들로만 조금씩 먹게 될 것이다. 파리에서 예쁜 여자들을 발견할 때마다 유심히 살펴보곤 하는데, 대부분 과하지 않은 레이스나 자수가 장식된 원피스, 에코백이나 작은 가죽 가방, 굽 없는 신발을 착용했다. 신발 가게에 파는 신발도 일부를 제외하곤 굽이 없는 편이다. 도로가 평평하지 않은 탓도 있겠지만 많이 걷는 것도 그 이유가 아닐까?

《PARIS EST UNE FETE》
국내에는 《파리는 날마다 축제》라는 제목으로 출간되어 있다. 어니스트 헤밍웨이가 행복했던 젊은 시절 파리에 머물렀던 이야기를 담은 회고록이다. 파리에서 예술가들을 만났던 이야기와 아름다웠던 파리의 풍경과 추억들, 그에게 영감을 준 파리 곳곳에 관한 이야기가 흥미롭다.

Vis pour voyager et voyage pour vivre

Jour 8

과거로 떠난
시간 여행

À paris;

je t'aime

Vis pour voyager et voyage pour vivre

일상처럼 편안해진 파리의 아침이다.
아침 테이블에 앉아 '오늘은 무얼 할까?' 잠시 생각해봤다.
하지만 오늘도 꼭 가야 할 곳, 꼭 먹어야 할 것들
특별한 것을 정하고 싶지 않았다.
자연스럽게 맞이한 '오늘 아침' 같은 '오늘 하루'를 보내고 싶다.
그냥 마음이 흐르는 대로.

Vis pour voyager et voyage pour vivre

눈을 뗄 수 없는 모네의 〈수련〉 연작으로
너무나 유명한 오랑주리 미술관.
사실 우리가 방문했을 때는 사람들이 너무 많아
작품을 제대로 보기 쉽지 않았다.
사진을 찍는 사람들과 공부하러 온 학생들 때문에
작품을 감상하기보다는 미술관의 분위기를 즐기는 데 만족했다.
오랑주리 미술관은 모네 작품 이외에도
세잔, 고갱, 마티스, 르누아르 등 유명 작가의 작품을 소장하고 있으며
내가 방문했을 때는 'tokyo-paris' 전이 열리고 있었다.

오랑주리 미술관 musée orangerie
open: wed~mon 9:00~18:00, tue 휴일
tube: Jardin Tuileries, 75001 Paris
www.musee-orangerie.fr

Vis pour voyager et voyage pour vivre

À paris;

르 빌라쥬 생뽈 Le Village Saint-Pau
앤틱 매장이 모여 있는 지역. 구석구석 파리의 현지인들이 자주 가는 식당과 매장, 갤러리가 들어서 있다.
open: mon~sun 11:00~19:00
tube: rue sain-paul 75004 Paris
www.levillagesaintpaul.com

창문 사이로 보이는 장식들이 예뻐서
구경만 해도 흥미로운 르 빌라쥬 생폴 골목.
나처럼 앤틱 제품을 사랑하는 사람이라면
이곳에서 마음을 빼앗기지 않을 수 없다.

주말에 열리는 방브 벼룩시장에
가지 못한다고 해도 슬퍼하지 말 것.
파리엔 매일 갈 수 있는 생폴 골목이 있으니까!

시간의 흔적이 멋스럽게 묻어 있는
오래된 숍 앞을 천천히 걷는 것만으로도
타임머신을 타고 과거에 와 있는 느낌이 든다.

Vis pour voyager et voyage pour vivre

아직도 해가 지지 않은 파리의 오후 9시,
10시가 넘어서야 겨우 해가 진다.
저녁식사를 하고 디저트까지 먹었는데
아직 대낮처럼 환하다.

하루가 너무 긴 느낌마저 든다.
해가 긴 것이 마냥 좋은 줄로만 알았는데
막상 살아보니 꼭 그렇지만도 않다.

Vis pour voyager et voyage pour vivre

Jour 9

두 번째 집

À paris;

마레에 있는 첫 번째 집에서의 마지막 날이다.
오전 11시에 체크아웃하고 두 번째 집이 있는 16구로 go!
며칠 동안 정이 들어 조금 아쉽기도 했지만
새 집으로 가는 설렘으로 즐겁게 짐을 쌌다.

Vis pour voyager et voyage pour vivre

À paris; 97

파리에서의 두 번째 집
깨끗한 고층 아파트. 아파트 외부, 내부 모두 깔끔하고 고급스러웠다.
area: 파리 16구 jasmin 역 근처
tube: 15만 원대
reservation: www.booking.com

Vis pour voyager et voyage pour vivre

두 번째 집 체크인은 오후 3시, 호텔 예약 사이트에서 아파트먼트 스타일의 호텔을 예약했는데 사진과 설명상으론 호텔이라고 표시되어 있어서 따로 체크인 시간을 정하진 않았다.
하지만 막상 주소지에 갔더니 일반 아파트였다. 동, 호수도 모르고 심지어 현관 비밀 번호도 몰랐다. 체크인까지는 3시간이나 남아 있었는데 집주인의 전화번호도, 메일 주소도 없었으며 내 전화기까지 사용이 불가능했다. 다행히 건물 관리인이 가방을 보관해줘서 노트북과 카메라가 든 베낭만 메고 일단 집을 나왔다. 카페에서 점심을 먹으며 예약 사이트 정보를 다시 파악해보니 예약 사이트 내 '질문하기' 코너만이 유일하게 주인과 연락할 수 있는 방법이었다. 다시 메시지를 남겨놓았지만 주인에게는 계속 연락이 닿지 않았다.

오후 3시쯤 아파트 앞에 가 있으면 되지 않을까 해서 아파트 화단에서 배낭 두 개, 캐리어 두 개를 모아두고 무작정 기다렸다. 하지만 주인은 나타나지 않았고 알고 봤더니 아까 보낸 메시지 또한 두 줄이 넘어 발송이 되지 않았던 것이다. 3시가 넘어서야 이 사실을 알고 다시 메시지를 보냈고 우여곡절 끝에 4시가 다 되어 집에 들어갈 수 있었다.

여행의 묘미는 예상치 못한 변수에서 오는 경우가 많지만 집을 옮기는 문제로 거의 하루를 소비했다. 진이 빠져 아무것도 하고 싶지 않은 날이었다.

그래도 두 번째 집은 첫 번째 집보다 더 깨끗하고 아늑했다.

Vis pour voyager et voyage pour vivre

나는 파리 15구와 16구에 오면 그냥 안심이 된다.
구역마다 분위기가 다른데,
이곳은 시끄럽지 않고 조용해서
내가 파리에서 특히 좋아하는 동네다.
여유롭게 천천히 산책하기 좋은 곳이다.

예전, 파리에 살았을 때는
에펠탑이 보이는 15구에 살았다.
그래서 운영하는 쿠킹 클래스는 '아뜰리에 십오구',
온라인 라이프스타일숍은 '15구'라고 이름 지었다.

혼자 또는 여자들끼리 파리에 온다면
가능하면 이 지역에 숙소를 예약하는 것이 좋다.

Vis pour voyager et voyage pour vivre

Jour 10

파리의 건축물
& 요리 전문 서점

À paris;

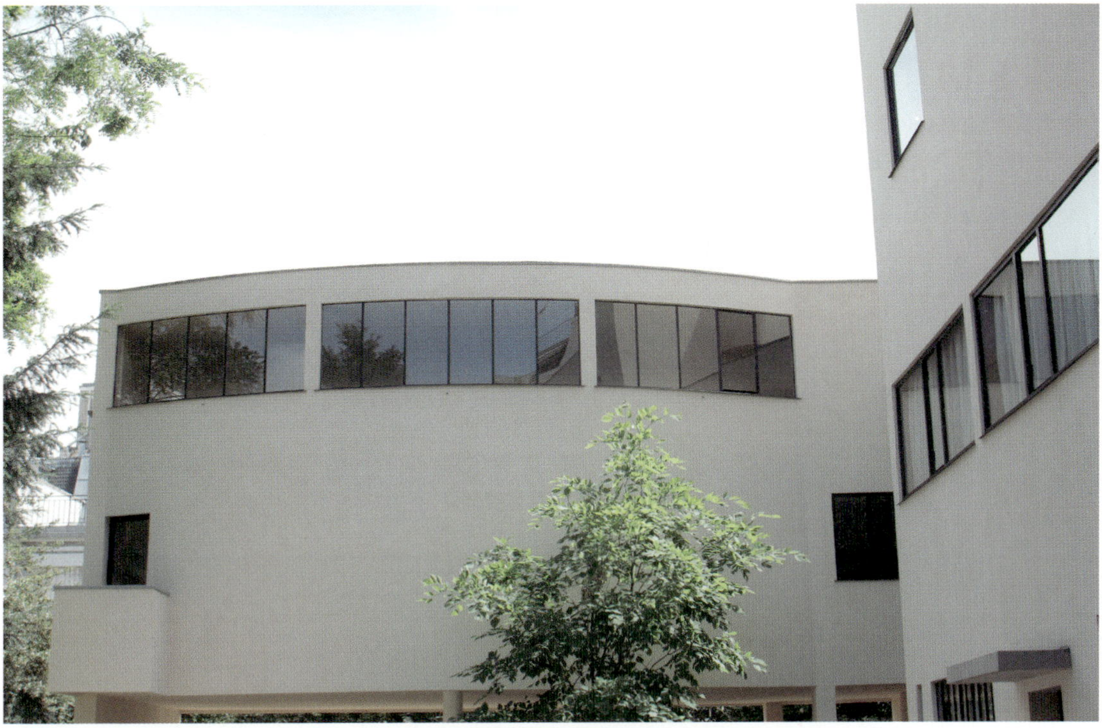

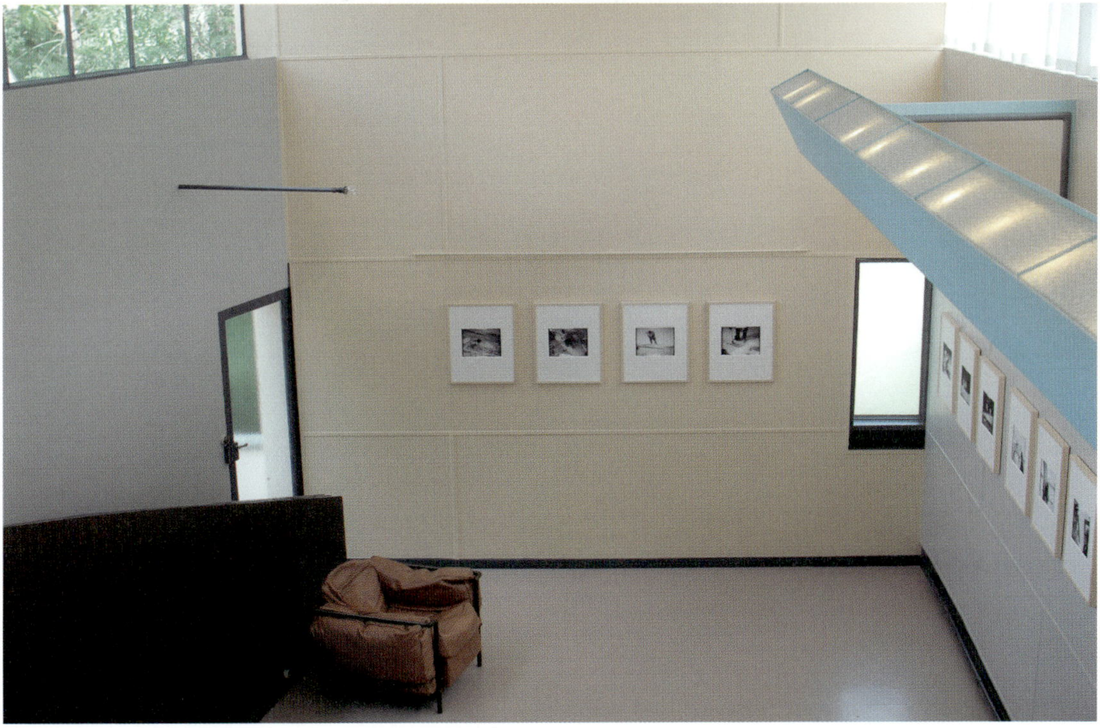

Vis pour voyager et voyage pour vivre

───────────

건축을 잘 알진 못하지만
봄에 한국에서 열린 르 코르뷔지에의 전시를 보고
파리에 간다면 그의 건출물에 꼭 가보고 싶었다.

사실 가장 방문해보고 싶었던 곳은 롱샹성당인데
거리가 너무 멀어
근처에 있는 빌라라호슈를 선택했다.

이곳은 조용한 골목 끝에 숨어있는 '신비로운 별장' 같은 곳이다.
도로에 인접한 다른 건물과 달리 숲 속 길을 따라 들어가면
과연 이런 곳에 집이 있을까 싶을 때 건물이 보인다.
부유한 은행가이자 현대미술 애호가였던 라호슈,
그를 위해 지은 이 건물은 주인의 취향이 잘 반영된
갤러리 공간과 생활 공간으로 나뉜다.

빌라 라호슈는 르 코르뷔지에 건축의 5원칙인
필로티, 옥상 정원, 자유로운 평면, 가로로 긴 창,
자유로운 입면이 처음 적용된 공간인데
5원칙에 입각해 건물을 살펴보면 훨씬 흥미롭다.

빌라 라호슈 Villa La Roche(르 코르뷔지에 재단)
open: mon 13:30~18:00, tue~sat 10:00~18:00
tube: 10, square du Docteur Blanche a75016 Paris
www.fondationlecorbusier.fr

아페티 Appétit
open: wed~sat 11:00~19:00
tube: 12 Rue Jean Ferrandi, 75006 Paris
www.appetit.paris

리브레리 구르망드 Librairie Gourmande
내가 추천하는 또 다른 미식 전문 서점.
open: mon~sat 11:00~19:00
tube: 92-96 Rue Montmartre, 75002 Paris
www.librairiegourmande.fr

요리책을 전문으로 판매하는 서점이다. 요리책뿐만 아니라 요리용품, 요리 사진 등이 전시돼 있어 더욱 재미있는 곳이다. 또 요리책에 대한 설명까지 들을 수 있어 더욱 좋았다.
이곳에 전시된 책들은 프랑스 자체 출간물 몇 개를 제외하고는 한국에서도 구할 수 있는 책들이 많다. 예전 같았으면 무겁게 이 책 저 책 사 왔을 테지만 이번에는 구경만 하고 마음에 드는 사진 몇 장만 구입했다.

요리에도 트렌드 같은 것이 있는데 요즘은 전 세계적으로 '브런치'가 유행인 것 같다. 가벼운 샐러드, 디톡스 푸드, 바쁜 시대에 간편하게 만들 수 있는 요리, 냄비 하나에 완성되는 요리⋯. 이런 주제의 책들이 주를 이루었다. 너무 가벼운 요리들이 각광받는 것 같아 안타까운 심정도 들었지만 요리책 트렌드를 한눈에 살펴보기에 좋은 기회였다.

Vis pour voyager et voyage pour vivre

아페티 서점 근처에 봉 마르쉐 백화점이 있어
집에 오는 길에 슈퍼마켓에 들러 파스타 재료를 사들고 들어왔다.
오늘의 저녁 요리는 향긋한 양송이를 넣은 버섯 파스타,
바게트를 함께 곁들이면 정말 맛있다!

Vis pour voyager et voyage pour vivre

파리에서 밥 해먹기 **버섯 파스타**

ingredient

스파게티니 1인분 (100g)
양송이 2개
에샬롯 1개
아보카도 1/2개
방울토마토 3개
소금 · 후추 약간씩
파르미산 치즈 적당량
버터 1큰술

recipe

1. 끓는 물에 분량의 스파게티를 넣고 봉지에 표시된 시간을 지켜 삶아서 준비한다.
2. 에샬롯과 양송이는 먹기 좋은 크기로 손질한다.
3. 방울토마토는 반으로 잘라 손질한다. 아보카도도 먹기 좋은 크기로 슬라이스한다.
4. 프라이팬에 버터를 녹여준 다음, 에샬롯과 양송이를 노릇하게 볶다가 소금, 후추로 간을 한다.
5. 야채가 다 익으면 방울토마토도 넣어 볶는데 올리브유를 조금 더 넣는다.
6. 삶아놓은 스파게티 면을 넣어 버무려준 다음 파르미산 치즈를 갈아 올리고 마지막에 아보카도를 올려 마무리한다.

Vis pour voyager et voyage pour vivre

Jour 11

파리의
미술관 산책

À paris;

오늘도 아침 일찍 꽃 선생님을 만나
함께 브런치를 먹고 마레 지구를 산책했다.

시즌은 커피와 간단한 브런치를 즐길 수 있는 카페로
특별함은 없지만 편안함이 있는 곳이라 부담 없이 찾게 된다.

시즌 Season
최근 한국 사람들뿐만 아니라 외국인들에게도 잘 알려진 유명 브런치 카페.
open: mon~sat 8:30~1:00, sun 8:30~19:00
tube: 81 Rue de Cherche-Midi, 75006 Paris
instagram: @seasonparis
www.season-paris.com

Vis pour voyager et voyage pour vivre

또 다른 인기 카페

Holiday Cafe
192 Avenue de Versailles, 75016 Paris

Telescope
5 Rue Villedo, 75001 Paris

Cafe Oberkampf
3 Rue Neuve Popincourt, 75011 Paris

Buvette
28 Rue Henry Monnier, 75009 Paris

Ob-La-Di
54 Rue de Saintonge, 75003 Paris

Fragments
76 Rue des Tournelles, 75003 Paris

Vis pour voyager et voyage pour vivre

마레를 산책하다가 들어가게 된 자드킨 미술관,
러시아 출신 조각가 자드킨의 작품이 전시된 곳이다.
사실 조각가에게는 큰 관심이 없었는데,
우연히 책에서 본 이곳 사진이 자꾸만 기억에 남았다.
빛이 들어오는 새하얀 공간이 상당히 인상적이었다.

우리는 건물 앞에 조용히 앉아 공간과 작품을 감상했다.
사람이 단 네 명뿐이었던 평화로운 미술관엔
새소리와 들꽃, 조각품 그리고 우리들뿐이었다.
그 자체가 우리에겐 영혼의 휴식이 되었다.

자드킨 미술관 Musée Zadkine
입장료 무료
open: tue~sun 10:00~18:00
tube: 100bis Rue d'Assas, 75006 Paris
www.zadkine.paris.fr

À paris; 117

Vis pour voyager et voyage pour vivre

À paris; 121

Vis pour voyager et voyage pour vivre

부르델 미술관 Musée Bourdelle
open: tue~sun 10:00~18:00
tube: 18 Rue Antoine Bourdelle, 75015 Paris
www.bourdelle.paris.fr

발렌시아가와 부르델 미술관의 만남이라니! 공간 선택이 너무나 탁월했던 전시였다. 이 전시를 볼 수 있는 것만으로도 행운이라 생각될 만큼 감동적이었다. 1938~1968년 사이의 발렌시아가 작품들을 감상할 수 있었던 것도 좋았고 무엇보다도 블랙 컬러 작품들과 부르델 미술관 조각품의 조화는 눈을 뗄 수 없을 만큼 아름다웠다.

작가의 아뜰리에와 뒷편 작은 정원까지, 이곳은 조용히 산책하면서 쉴 수 있는 곳이라 예전부터 자주 찾던 곳이다.

부르델 박물관은 조금 떨어져 있는 곳에 위치하고 있어 가기에 조금 애매하지만 이곳에서 걸어 나와 봉 마르쉐까지 일자로 연결된 길이 하나 있다. 이 거리에는 다양한 키즈 편집숍과 자그미한 식품 매장, 아기자기한 카페들이 연결돼 있어 쇼핑하기에도 좋다.

Vis pour voyager et voyage pour vivre

Jour 12

내가 파리를
좋아하는 이유

À paris;

오래된 카페 카레트에서 친구를 만나기로 한 날.
파리에서 좋아하는 친구와
수다를 떤다고 생각하니 어찌나 기분이 좋은지!
파리지엔처럼 에스프레소 한 잔을 시켜놓고 그녀를 기다린다.

담배 연기가 자욱하고, 옆자리 사람들은 수다스럽고,
힐끔힐끔 쳐다보는 눈길이 의식되긴 했지만
그렇게 싫지만도 않은 날이다.
따뜻한 에스프레소에 곁들이는
차가운 커스터드가 들어간 밀푀유 하나에
기분이 몽글몽글해지는 아침이다.

카레트 Carette
이곳에서는 어떤 디저트를 시켜도 실패가 없다.
개인적으로 식사류보다는 마카롱이나 밀푀유 같은 디저트류를 추천한다.
open: mon~fri 7:00~23:30, sat&sun 7:30~23:30
tube: 4 Place du Trocadéro et du 11 Novembre, 75016 Paris
www.carette-paris.fr

Vis pour voyager et voyage pour vivre

파리 시립현대미술관
Musée d'Art moderne de la ville de Paris
open: tue~sun 10:00~18:00
tube: 11 Avenue du Président Wilson, 75116 Paris
www.mam.paris.fr

룩상부르그 공원 Jardin du Luxembourg
tube: Rue de Médicis – Rue de Vaugirard 75006 Paris
www.senat.fr/visite/jardin

Vis pour voyager et voyage pour vivre

어떤 때는 지독하게 싫다가도 어떤 때는 미치도록 좋아지는 파리. 특히 여름에는 그 감정이 더 오락가락한다. 어떤 날은 높고 높은 하늘, 파릇파릇한 초록이들, 도도한 파리지엔이 멍하도록 좋다.
그런데 에어컨도 선풍기도 아이스 라떼도 없고, 거리에는 악취와 쓰레기가 즐비하고, 뭔지 모를 사람들의 긴장감과 신경질까지 느껴질 때면 '아 내가 파리에 왜 왔지? 정말 다시는 오지 않을 거야.'라고 다짐한다. 그런데 다음 날이 되면 다시 미치도록 좋아지는 파리, 아 정말 나에게 파리는 애증의 도시다!

누군가가 내게, 파리를 왜 좋아하냐고 물어본 적이 있다. 선뜻 떠오르는 이유는 없었지만, 가장 먼저 생각난 것이 '파리의 공원'이었다.
나는 산책도 하고, 수다도 떨고, 생각에 잠기기도 하는 그들의 공원 문화가 부럽다.
동네마다 있는 작은 공원들은 각기 다른 매력을 가졌다. 꼭 특정 공원, 특정 빵집이 아니어도 된다. 아무 공원에나 앉아 근처 빵집에서 산 평범한 바게트를 먹는 그들의 일상이 내겐 언제나 부러움의 대상이다.

Vis pour voyager et voyage pour vivre

À paris; 131

룩상부르그 공원 근처에 있는 샐러드 가게 베르데.
며칠 전 이곳 앞을 지나는데 줄이 엄청 길어서
호기심으로 다시 가보았다.
이탈리아 사람들이 운영하는 이곳은
토핑을 직접 고를 수 있는 샐러드 숍이었는데 꽤 괜찮았다.
꼭 유명한 곳이 아니어도 걷다 보면
사람들이 많은 곳이 있는데 이런 곳이 성공적이다.

베르데에서 샐러드를 사서
근처 빵집의 바게트 샌드위치를 하나 더 산 다음
룩상부르그 공원으로 향했다.
아직 덥지 않은 날씨라 바람이 솔솔 부는 공원에 앉아
식사를 하니 그것만으로도 그저 행복하다.

베르데 Verde
open: mon~sat 9:00~17:00
tube: 12 rue notre dame des champs 75006 paris

Vis pour voyager et voyage pour vivre

'Studio 7L'은 샤넬 수석디자이너 칼 라거펠트가
운영하는 아트북 전문 서점이다.
패션, 요리, 디자인, 건축 등 다양한 분야의 책이 구비돼 있다.
다른 서점에 있는 책도 많지만 흔히 볼 수 없는 책도 가끔 보인다.
셀러브리티들의 단골서점으로 매거진에 많이 소개되었는데,
갤러리 거리에 위치하고 있어서인지 조용한 편이다.
우리가 방문했을 때도 오직 우리 둘밖에 없었다.
하지만 진열된 책조차 장식품인 것 같아서
만지거나 구경하기가 편하지는 않았다.

Studio 7L
open: tue~sat 10:30~19:00
tube: 7 Rue de Lille, 75007 Paris
www.librairie7l.com

Vis pour voyager et voyage pour vivre

Jour 13

내가 사랑하는
파리의 서점들

À paris;

다른 날보다 좀 늦게 일어난 아침.
보통 7시에 일어나 10시면 나가곤 했는데
가벼운 과일과 커피 한 잔으로 아침식사를 해결하고
오늘은 천천히 12시쯤 나가보려고 한다.

Vis pour voyager et voyage pour vivre

쁘띠 팔레 **Petit Papais**
open: tue~sun 10:00~6:00
tube: Avenue Winston Churchill, 75008 Paris
www.petitpalais.paris.fr

상제리제 거리 쪽으로 걷다 보면 자연스럽게 지나게 되는 건물이다. 워낙 아름다워서 파리에 머무는 동안 꼭 한번은 들어가 봐야지 생각했다. 내가 방문했을 때는 1층에는 무료 전시, 지하에는 특별전이 열리고 있었다. 개인적으로 특별 전시보다 1층에서 열린 무료 전시가 더 인상적이었다. 건물 입구에서 더 깊숙이 들어가면 모네, 드가의 작품도 볼 수 있다. 이 곳에 온다면 긴 기둥 사이에 있는 카페 테라스를 특히 추천한다.

À paris;

콜렉트, 메르시, 봉통 이 세 편집숍은
패션, 라이프, 키즈로 주제는 다르지만
파리에 간다면 한 번쯤은 둘러보아야 할 곳이다.
상품 구성과 디스플레이 그리고 다른 분야와의 콜라보레이션 등
최신 트렌드를 전반적으로 살펴볼 수 있다.
콜렉트는 패션에 관심 있는 사람이라면 들러봐야 할 핫한 장소이지만
2017년 12월 20주년을 마지막으로 문을 닫는다고 한다.
봉통은 키즈 편집숍이지만 지하에는 귀여운 그림책과 소품들이 가득하다.
작은 물건 하나만 사도 귀여운 에코백에 물건을 담아주니
아이가 없어도 한번쯤 가볼 만하다.

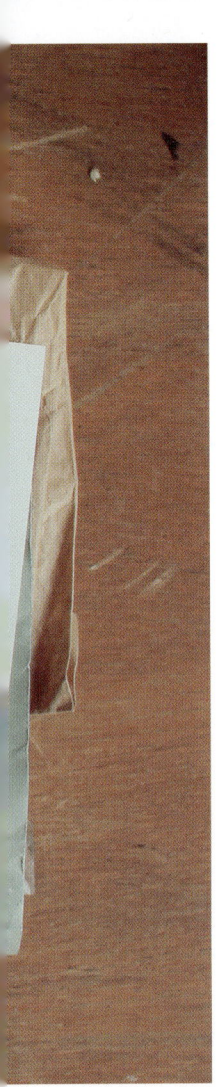

메르시 merci
open: mon~sat 10:00~19:30
tube: 111 Boulevard Beaumarchais, 75003 Paris
www.merci-merci.com

봉통 Bonton
open: mon~sat 10:00~19:00
tube: 5 Boulevard des Filles du Calvaire, 75003 Paris
www.bonton.fr

콜렛트 collette
open: mon~sat 11:00~19:00
tube: 213 Rue Saint Honoré, 75001 Paris
www.colette.fr

파리의 어느 박물관, 미술관에 가도 지하 혹은 1층에는 서점이 있다. 나는 전시를 보지 않더라도 미술관 내부 서점에는 꼭 가보는 편이다. 어떤 종류의 미술관이냐, 어떤 전시를 하느냐에 따라 책 종류도 달라지기 때문이다. 파리에서 예술 분야의 책을 가장 광범위하게 보유하고 있는 곳은 퐁피두 서점인 것 같다. 미술, 사진, 예술 등 다양한 분야의 책들이 있다. 그래서 파리에 머무는 동안 퐁피두 서점에 4~5번은 간 것 같다. 마레 근처이기도 하고 무엇보다 퐁피두 센터 안에는 깨끗한 공중 화장실이 있기 때문이다. 파리에서 깨끗한 공중 화장실을 찾기란 거의 불가능하다. 그래서 걷다가 지치면 자주 퐁피두 센터에 들어가곤 했다. 2층 카페에 앉아서 퍼포먼스하는 사람들도 지켜보고 서점에 가서 책도 읽고 천천히 쉴 수 있는 곳이다.

'Librairie des Archives' 서점 앞을 지날 때마다 여긴 어떤 책을 파는 곳일까 무척 궁금했다. 매장 이름도, 유리 너머에 쌓여있는 책도, 그리고 책 앞에 있는 데이비드 호크니 그림도, 매장의 외관도 좋았기 때문이다. 몇 번을 스쳐 지나갔지만 점심시간이거나 외출 중이거나 미팅 중이어서 끝내 들어가 보진 못하고 외관 사진만 찍어왔다. 궁금해서 사이트에 들어가 봤더니 특이하고 유니크한 책들을 파는 곳이었다.

Librairie des Archives
open: tue~fri 12:30~18:30, sat 12:30~3:00
tube: 83 Rue Vieille du Temple, 75003 Paris
www.livresdart.fr

Vis pour voyager et voyage pour vivre

뒤빵 에 데지데는
생 마르탱 운하 주변에 간다면 꼭 가봐야 하는 곳이다.
파리 최고 제빵사 메달을 받은 셰프가 빵을 만들고 있는,
유명한 곳이기 때문이다.
4시가 넘어서 도착했더니 매장 밖까지 긴 줄을 서 있었다.

뒤빵 에 데지데 du pain et des idées
open: mon~fri 6:45~8:00
tube: 34 Rue Yves Toudic, 75010 Paris
dupainetdesidees.com

Vis pour voyager et voyage pour vivre

Jour 14

파리의
벼룩시장

À paris;

Vis pour voyager et voyage pour vivre

흔히 '예쁜 쓰레기'라 불리는 골동품들. 우리는 스타일링하거나 요리책을 촬영할 때 앤틱·빈티지 제품들을 많이 사용한다. 한국에서 구하기도 어렵고 마음에 들어도 비싼 경우가 많아 파리의 벼룩시장에 오면 자꾸 욕심이 난다. 보고 있으면 이것저것 다 사고 싶을 것 같아 스튜디오에 어울리는 소품 몇 개만 촬영용으로 골라왔다. 싸고 예쁜 유리 제품이 많았지만 깨지지 않고 가져갈 자신이 없어 120유로에 스테인리스 냄비 세트, 촛대, 마들렌 틀, 법랑 국자 등 깨지지 않는 소품 위주로 구입했다. 한국에서 한 개 구입할 가격으로 열 개를 샀으니 말 그대로 '득템이다!'

방브 벼룩시장 Puces de Vanves

open: sat, sun 7:00~13:00
tube: 14 Avenue Georges Lafenestre, 75014 Paris
www.pucesdevanves.fr

파리의 대표 벼룩시장 Marché aux Puces

파리 3대 벼룩시장
· Puces de Clignancourt Saint-Ouen
· Puces de Vanves
· Marché de Montreuil

스탬프 마켓 Stamp Market
· Flower Market and Bird Market
· Le Village St-Paul

방브 벼룩시장처럼 잘 알려진 곳은 전문 업자가 많이 모이는 정리된 시장인 반면, 동네에서 열리는 벼룩시장은 파리지엔들이 집에서 사용하지 않는 물건들도 가지고 나오는 중고 시장 같은 곳이다. 그래서 가격도 저렴하고 또 다른 구경거리가 많다.

마레를 지나가다 우연히 발견한 홍보물을 보고 찾아간 벼룩시장. 이곳에서 예쁜 병 두 개와 앤틱 블루 철제병 한 개, 빈티지 나이프 여섯 개를 30유로에 구입했다. 사고 싶은 것들이 엄청 많았지만 자제하고 자제했다. 아직도 아른거리는 유리병들!

파리의 벼룩시장 정보를 알 수 있는 사이트
파리에는 알려진 벼룩시장 이외에도 곳곳에서 다양한 벼룩시장이 열린다. 어디서 언제 벼룩시장이 서는지 알고 싶다면 이 사이트에 방문해보면 유용한 정보가 많다.
vide-greniers.org

Vis pour voyager et voyage pour vivre

파리에서 밥 해 먹기 키쉬

키쉬는 파리의 카페나 빵집, 슈퍼마켓 어딜 가도 흔히 보이는 메뉴다.
우리도 파리에 있는 동안 키쉬와 샐러드를 가장 많이 먹었다.
파리의 슈퍼마켓에는 냉동 키쉬가 있을 정도로
샐러드와 함께 가벼운 식사로 많이 찾는 음식이다.

ingredient

*키쉬 틀 반죽

밀가루 100g
버터 50g
소금 2g
달걀 1개

*필링

베이컨 2큰술
양파 1큰술
그뤼에르치즈 1줌
버진올리브유 2큰술
달걀노른자 1개 분
생크림 100g
소금 · 후추 약간

recipe

1. 키쉬 틀 반죽 재료들을 모두 섞어 둥글게 만든 다음 냉장고에서 30분 정도 휴지시켜준다.
2. 베이컨과 양파는 잘게 다진 다음 프라이팬에 올리브유를 두르고 온도를 높여 볶는다. 마지막에 소금, 후추로 간을 해준다.
3. 달걀노른자, 생크림, 소금, 후추를 섞어둔다.
4. ①의 반죽을 타르트 틀에 맞게 밀어서 넣고 ②에서 볶아두었던 베이컨과 양파를 채운다. 그 위에 ③에서 섞어둔 달걀물을 부어준다.
5. 그뤼에르치즈를 듬뿍 올려서 180℃로 예열된 오븐에서 20분 정도 구워준다.

Vis pour voyager et voyage pour vivre

Jour 15

온전히
쉬는 날

À paris;

Vis pour voyager et voyage pour vivre

원래 걷는 걸 좋아하지만 천천히 걸으면서 구경하는 거리 풍경만큼 재미있는 일도 없다. 그들에게는 일상일지 모르지만 건물, 거리, 카페, 시장, 우체통, 빵집마저도 우리에게는 모두 새로운 것들이었다.
우리에게 여행이란 '걸으면서 배우는 새로운 풍경이다. 이해하지 못하는 그들의 대화와 표정, 그들이 입는 옷과 신발, 점심에는 무얼 먹는지, 카페에선 뭘 마시는지… 모든 게 궁금하고 새롭다.

하지만 여행의 중반쯤 접어들자 우리의 몸도 마음도 쉬는 날이 필요했다. 여유롭게 한 달을 살러 온 것이지만 하루에 2만 보 이상을 매일 걸어 다녔더니 피로감이 느껴졌다. 오늘 만큼은 정말 아무 것도 안하고 누워있기로 했다. 늦은 오후가 되어서야 한국 마트에 가서 밥과 라면을 사서 먹었다. 한국에서는 잘 먹지도 않는 라면이 한국만 떠나면 자꾸 먹고 싶어진다.

Vis pour voyager et voyage pour vivre

Jour 16

세 번째 집

À paris;

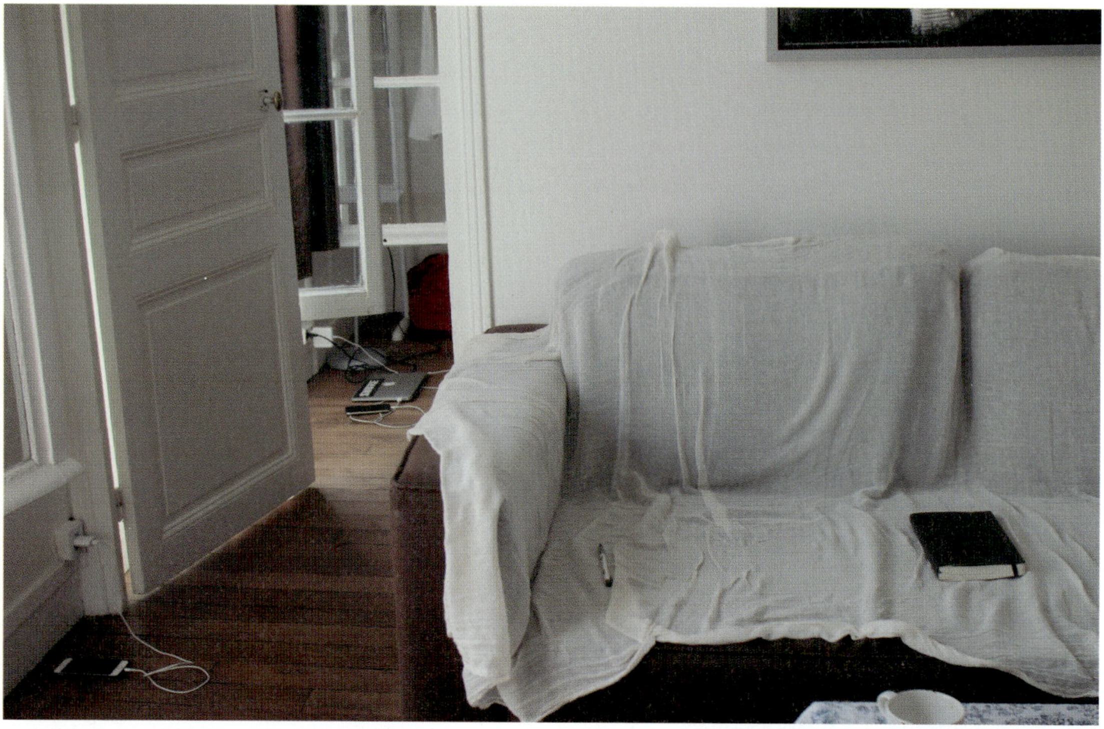

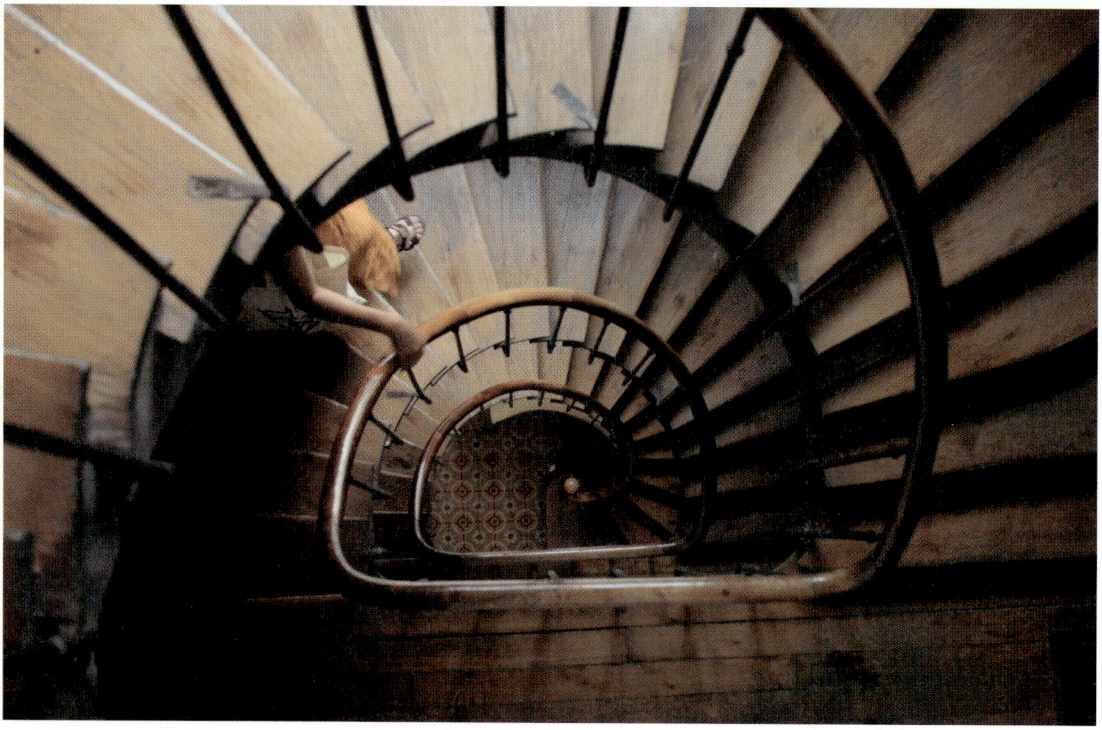

Vis pour voyager et voyage pour vivre

분명 2주 동안 산 것은 책 몇 권, 그릇 몇 개뿐인데 캐리어가 무거워졌다. 끌지도 못할 정도였다. 두 번째 집에서 세 번째 집은 걸어서 15분 정도 거리라 걸을 수 있을 것 같았는데 결코 쉬운 일은 아니었다!

세 번째 집도 안전하고 조용한 동네였다. 체크인 시간이 오후 3시라서 3시간 동안이나 집 앞 풀에 앉아 시간을 보냈다. 문득 집을 옮기는 일로 괜히 시간을 버리는 것 같아 속상한 마음이 들었다. 그동안 한 달 여행을 계획했다면 한 달 머물 숙소를 구하곤 했는데, 이왕이면 다양한 집에서 살아보고 싶은 욕심에 네 집이나 예약하게 됐다. 하지만 이사하는 날만 되면 어찌나 귀찮고 후회가 되던지!

두 번째 집이 엘리베이터가 있고 깨끗한 고급 아파트였다면, 세 번째 집은 진짜 파리의 집이다. 엘리베이터가 없는 4층 집에 걸어 올라가면 삐거덕 거리는 바닥과 침대가 있다. 하지만 이곳만의 느낌이 나쁘지 않았다.

문제는 에어컨은커녕 선풍기도 없다는 것! 하필 우리가 도착한 날부터 전에 없었던 이상 기온이 계속 되었고 이 사한 날의 온도는 무려 34℃! 게다가 뜨거운 태양은 10시가 넘어야 지기 시작한다. 보일러까지 고장이 나 찬물로 샤워를 하고 4시가 넘어서야 집을 나설 수 있었다.

파리에서의 세 번째 집
삐거덕거리는 바닥과 계단이 없는 4층에 위치한 전형적인 파리의 집.
tube: 파시 플라자(Passy plaza) 바로 옆
price: 15만 원대
reservation: www.booking.com

늦은 오후 우리가 향한 곳은
매장 안 선반이 문화재로 지정될 만큼
파리에서 유서 깊은 주방 전문 매장 'E.Dehillerin'.
역사가 200년이 넘었다고 하니 정말 어마어마하다.
숍에 들어서면 높은 천장을 기준으로 양 옆에는
각종 구리 냄비와 틀들이 장식돼 있다.
제과용품뿐만 아니라 없는 게 없을 정도로
다양한 도구들이 가득 들어차있다.
마법의 공간에 온 것처럼 눈을 뗄 수 없이
신기하고 재미난 것이 많았고
사고 싶은 것 또한 즐비했으며
요리를 하는 내겐 놀이동산보다 신나는 곳이었다.
하지만 욕심을 내려놓고 고르고 골라
필요했던 마들렌 틀과 몇 가지 작은 도구들을 구입해왔다.

E.Dehillerin
open: mon~sat 10:00~18:00
tube: Rue Coquillière, 75001 Paris
www.e-dehillerin.fr

Vis pour voyager et voyage pour vivre

집에 오는 길에 지하철을 탔는데 갑자기 모두 내리라고 한다. 그래서 다음 지하철을 탔는데 두 역을 정차하지 않고 그냥 지나간다. '폭탄을 실은 지하철은 아니겠지?' 영국과 파리에서 끊임없이 사고와 테러가 일어나고 있어 괜히 불안한 마음이 들었다.
지하철 안 사람들이 웅성거리기 시작했고 우리도 불안해서 내릴 정거장도 아닌데 일단 내려버렸다.
집에 와서 검색해보니 샹젤리제 거리에서 테러범이 가스통을 싣고 경찰에게 돌진했다고 한다. 지하철에서 제대로 안내라도 해줬으면 덜 불안했을 텐데 그냥 내리라고만 하다니! 두려움이 고조되었다.

우리는 지금부터라도 사람이 많거나 유명한 관광지는 가지 말아야겠다고 생각했다.
사실 이번에 파리에 머무는 내내 긴장감을 놓을 수가 없었다. 어떤 날은 길 가던 할머니에게 물통으로 팔뚝을 맞는 어이없는 일을 당하기도 했고, 사람이 많은 곳에선 가방을 아기 안은 것처럼 가슴 속에 품고 다녔으며, 밥을 먹을 때도 가방을 움켜쥐고 있었다. 시도 때도 없이 들리는 사이렌 소리와 총으로 무장한 군인과 경찰을 볼 때마다 나도 모르게 마음이 움츠러들었다. 하도 긴장을 해서 그런지 예전보다 피로감이 쉽게 느껴졌다.

Vis pour voyager et voyage pour vivre

Vis pour voyager et voyage pour vivre

Jour 17

미치도록 더운 날
나만의 휴식처

À paris;

Vis pour voyager et voyage pour vivre

프랑스는 냉방 시설이 열악하다. 에어컨을 틀지 않은 카페나 숍들이 많다. 대부분 작은 선풍기 정도만 트는 것 같다. 살짝 창문만 연 버스, 에어컨이 거의 없는 지하철은 숨 막히도록 덥다. 대중교통을 이용하느니 차라리 그늘로 걷는 게 시원하다. 아이스 음료를 시키면 대부분 밍밍한 음료를 내준다. 그나마 가장 시원한 것이 맥주인 것 같다. 냉방 시설이 거의 없는 파리를 겪으니 갑자기 어딜 가든 시원한 한국이 그리워졌다.

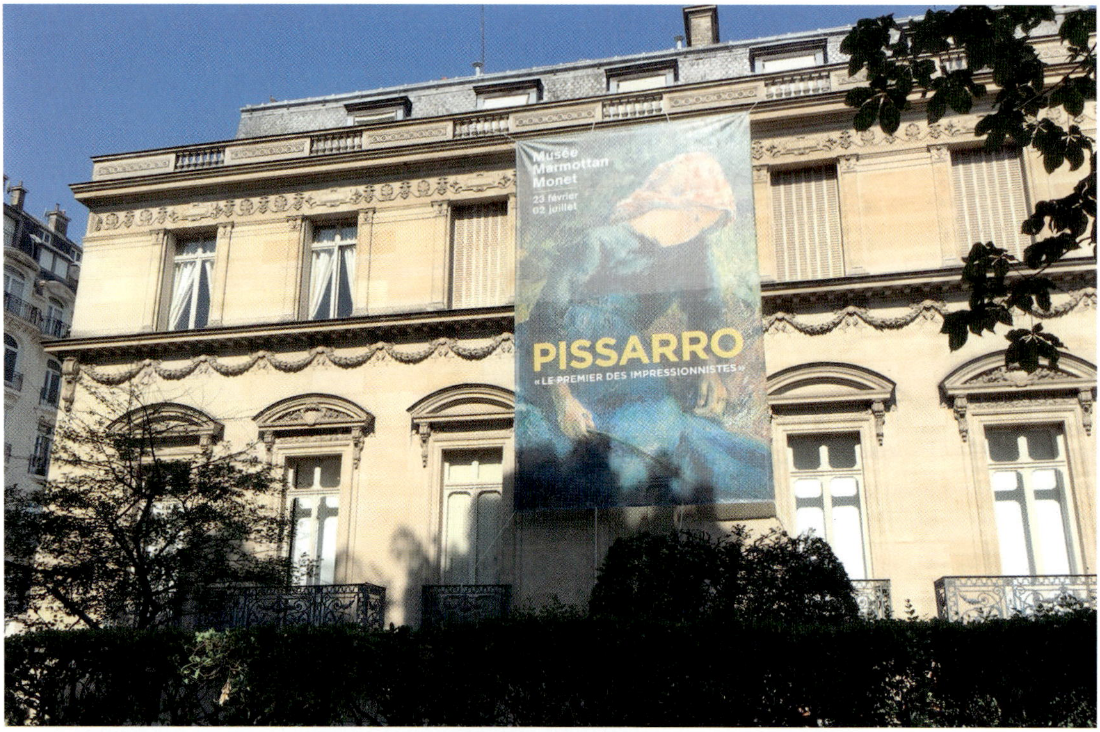
Musée
Marmottan
Monet
23 février
02 juillet
PISSARRO
« LE PREMIER DES IMPRESSIONNISTES »

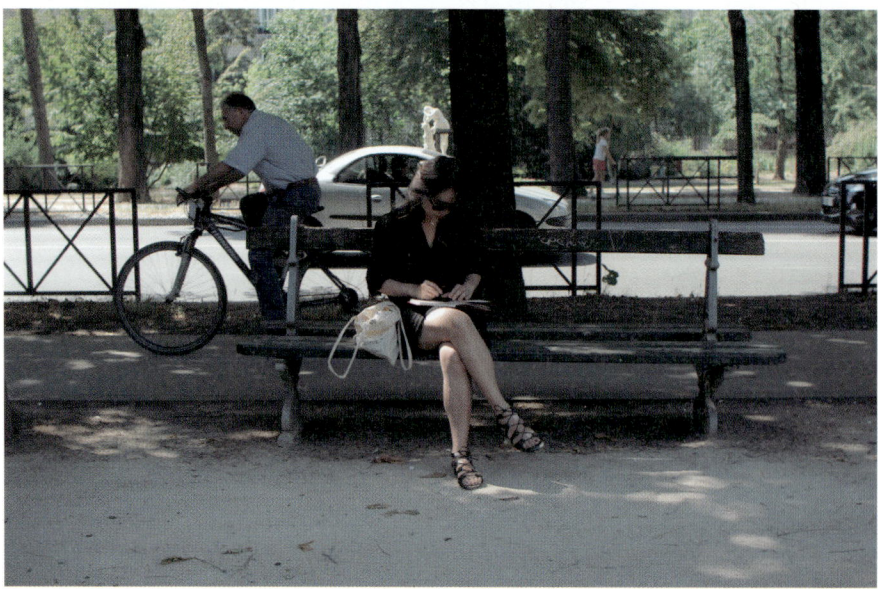

Vis pour voyager et voyage pour vivre

오늘은 '모네의 정원'이 있는 지베르니에 가려다 더위 때문에 포기했다. 34℃, 바람 한 점 없이 바싹바싹 타는 날씨에 선풍기가 없어 오히려 밖이 시원했다. 더운 날 우리가 찾은 곳은 집에서 10분 거리에 있는 마르모탕 모네 미술관. 이곳은 세계적인 규모의 모네 컬렉션으로 유명하다. 우리가 방문했을 때는 '피사로' 특별전이 열리고 있었다. 지하부터 2층까지 어느 것 하나 그냥 지나칠 수 없는 작품들로 가득했다. 개인적으론 지금까지 봤던 미술관 중에서 가장 아름다운 곳인 것 같다. 모네의 유년 시절부터 지베르니에 영감을 받은 회화까지… 모네를 좋아하는 사람이라면 오르세 뮤지엄, 지베르니 그리고 이곳에 가보면 좋다.

마르모탕 모네 미술관 musée marmottant monet
16구에 위치하고 있는 마르모탕 모네 미술관 근처에는 블로뉴 숲이 있다. 미술관을 관람하고 블로뉴 숲(Bois de Boulogne)을 따라 천천히 산책하면 좋다. 짧은 일정의 여행에서는 유명 작품만 구경하기 급급했었는데 여유롭게 모네의 작품을 관람하고 그 여운을 따라 연못을 둘러싼 숲도 걷는 일이야말로 참으로 잊지 못할 추억이다.
open: tue~sun 10:00~18:00, thu 10:00~21:00
tube: 2 Rue Louis Boilly, 75016 Paris
www.marmottan.fr

메르시 건너편 골목에 위치한 카페 'Folks and Sparrows'에는
음료와 가볍게 먹을 수 있는 샌드위치 류가 준비돼 있고
한쪽 벽면에는 패키지가 예쁜 식료품과 소품들을 볼 수 있다.
이곳의 커피와 샌드위치도 맛있었지만
세련된 분위기와 인테리어가 마음에 들었다.
이 골목에는 귀여운 책을 파는 어린이 서점 'L'Enfant Lyre'와
편집숍, 카페, 식당 등이 많다.

Folks and Sparrows
open: tue~sat 10:00~18:00
tube: 14 Rue Saint-Sébastien, 75011 Paris

L'Enfant Lyre
open: tue~sat 10:30~21:00
tube: 17 Rue Saint-Sébastien, 75011 Paris

Vis pour voyager et voyage pour vivre

À paris; 171

'Sennelier'은 1887년에 시작한 130년 역사를 가진 화방이다. 세잔, 까미유, 폴 고갱, 피카소도 이곳을 자주 찾았다고 한다. 그리 크진 않지만 각종 미술용품으로 가득 찬 화방 1층을 따라 올라가면 아늑한 2층과 3층이 연결된다. 보물이 가득한 다락방처럼 구석구석 이젤과 종이가 쌓여있다. 보고 있으면 뭐라도 사서 그림을 그적여보고 싶은 욕구가 생기는 곳이다.

미술 전공자는 아니지만 오래된 화방에 가보는 이유는, 화방 자체가 예술작품 같기 때문이다. 오래 전 유명 화가들이 드나들었고 100년이 넘는 시간을 간직한 곳이라는 사실 자체가 내게는 '아트'다.

화방 뒤로 걸어가면 파리 국립고등미술학교가 있고 거리마다 수많은 갤러리가 이어져 있다. 들어가서 보기에 조금 부담스러운 곳도 있지만 천천히 걸으면서 갤러리 안을 구경하는 재미도 쏠쏠하다.

Vis pour voyager et voyage pour vivre

파리 국립고등미술학교 l'École nationale supérieure des Beaux-Arts
tube: 14 Rue Bonaparte, 75006 Paris

마가쟁 세니에 **Magasin Sennelier**
open: mon 2:00~18:30, tue~sat 10:00~12:45 & 2:00~18:30
tube: 3 Quai Voltaire, 75007 Paris
instagram: @sennelier1887
www.sennelier.fr

Vis pour voyager et voyage pour vivre

Jour 18

나만의
소울 푸드

À paris;

오늘도 미술관으로 피서를 가야하는 날이다. 마침 좋아하는 사진 작가의 전시가 열린다는 소식에 주드폼 박물관으로 달려갔다. 오랑주리 미술관 바로 뒷편에 있지만 관광객들이 잘 가지 않는 곳이라 나에게는 아지트 같은 곳이다.

그곳은 34℃ 날씨에 천국처럼 시원했다! 사진 작품도 마음에 들었고 공간 또한 좋았으며 박물관 내 서점에는 사진책들이 정말 많았다.

그런데 파리에 있는 서점을 돌아다니다 보면 같은 종류의 책들이 굉장히 많이 발견된다. 처음에는 '파리에서는 이런 종류의 사진과 화보가 인기 있나?'하고 생각했는데, 알고 보니 파리의 큰 미술관에서 전시 중이거나 전시 예정인 예술가들의 화보집을 동시에 선보이고 있었던 것이다. 전시를 보기 전 작품을 미리 살펴보고 싶다면 근처 서점에 가보면 된다.

파리의 서점에서 계속 눈길을 끌었던 사진이 있는데 바로 '에드반데르 엘스켄'의 작품이다. 이번 전시는 엘스켄의 다큐멘터리적인 기법으로 촬영한 사진뿐 아니라 다양한 영상까지 감상할 수 있어 흥미로운 전시였다.

주드폼 미술관에서 우리를 매료시킨 것이 또 하나 있다. 바로 2층으로 가는 길에 있는 작은 일본식 카페, 이곳에서 맛본 '참치 마요 삼각김밥'! 갓 지은 따끈따끈한 밥 안에 마요네즈가 섞인 고소한 참치가 들어있었고 겉은 바삭한 김으로 싸여있었다. 꽤 오랫동안 전시를 봤던 터라 배가 고프기도 했고 35℃가 넘는 날씨로 지쳐있던 우리였기에 더 맛있었는지는 모르겠지만, 이날 맛본 따끈따끈한 삼각김밥은 우리가 파리에서 먹었던 수많은 음식 중에 가장 잊지 못할 한 끼였다.

주드폼 미술관 musée du Jeu de Paume
open: tue 11:00~21:00, wed~sun 11:00~19:00
tube: 1 Place de la Concorde, 75008 Paris
www.jeudepaume.org

Vis pour voyager et voyage pour vivre

À paris; 177

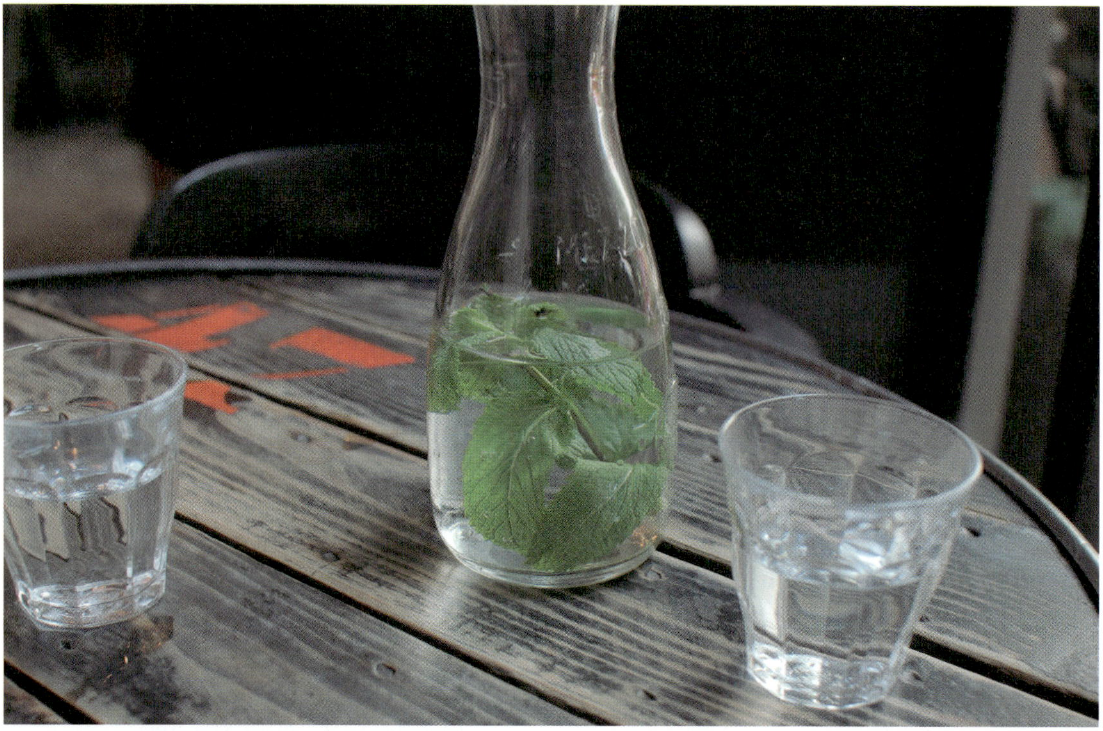

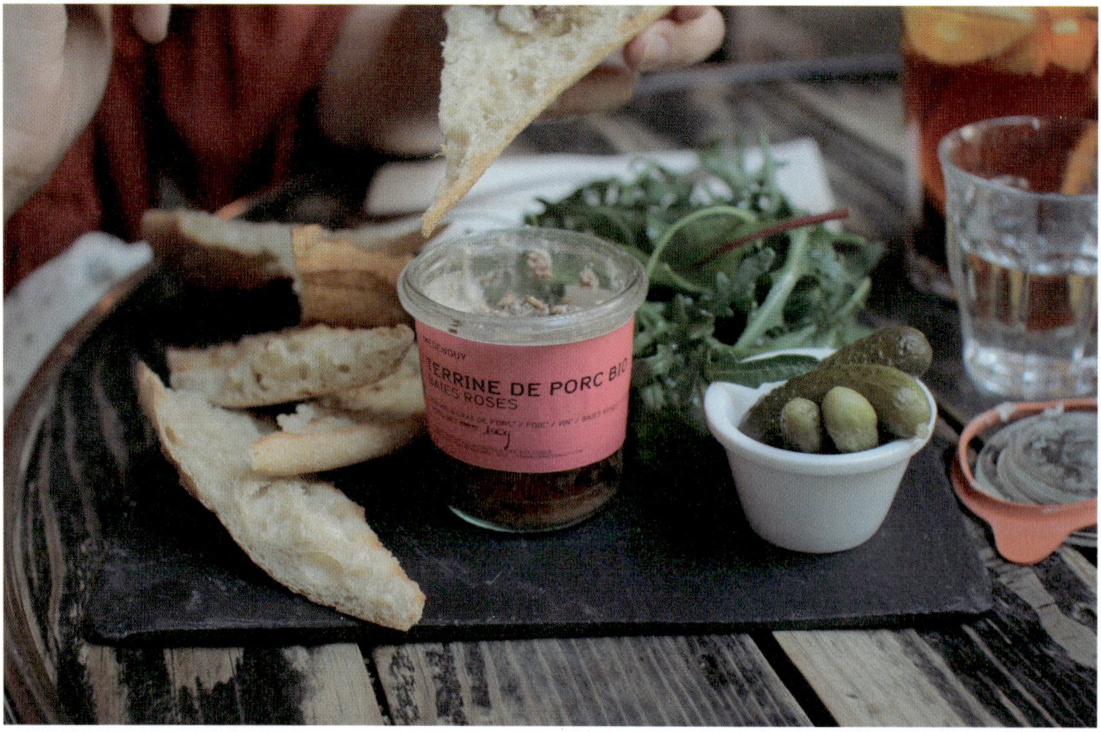
TERRINE DE PORC BIO
BAIES ROSES

Vis pour voyager et voyage pour vivre

유명한 편집숍도 더위 앞에선 예외가 아니다.
메르시 편집숍 건물에는 '유즈드 북카페'라는 카페가 있는데,
35℃가 넘는 더위에 선풍기도 없었다.
오직 메르시에서 불어오는 작은 바람에 의존해야 했다.
심지어 우리가 앉았던 공간에는 창문도 없고
물도 아이스티도 미지근했다.

좀 더웠지만 맛있었던 '테린'.
테린은 프랑스 요리 중에 내가 가장 좋아하는 요리다.
돼지고기나 오리고기, 간, 야채를 익혀 틀 안에 넣고
중탕으로 익혀서 식힌 다음 차갑게 굳혀 먹는 음식이다.
만드는 방식이 까다롭고 시간이 많이 걸리지만
여름에 바게트 몇 조각, 레몬즙이 뿌려진 샐러드,
찐득한 테린 그리고 달콤 쌉쌀한 화이트 와인 한 잔이면
누구보다 행복한 식사를 할 수 있다.
차갑게 식혀 먹는 음식이라서 호불호가 있지만
그래도 프랑스에 간다면 테린, 파테, 리에트처럼
고기를 갈아 굳혀 먹는 메뉴에 한번쯤은 도전해보길 바란다.
특유의 맛과 향에 손을 멈출 수 없다.

유즈드 북카페 used bookcafe
merci 입구에 위치.
open: mon~sat 10:00~19:30
tube: 111 Boulevard Beaumarchais, 75003 Paris

Vis pour voyager et voyage pour vivre

3, 4일 연속 계속되는 더위에 사실 밥 먹기 귀찮을 정도로 지쳤다. 그래서 집에 오는 길에 피가드에 들러 샐러드와 냉동 '아쉬 파르망티에를 샀다. 이것은 고기를 갈아 여러 야채와 함께 볶아서 오븐용 그리탕에 두껍게 깔아준 다음, 그 위에 메시드 포테이토를 올려 구워 먹는 요리이다. 직접 만들어 먹으면 맛있긴 한데 이날은 너무 지쳐 냉동식품을 사 왔다.
아무리 내가 요리사라도 세 끼를 다 만들기는 힘들다. 프랑스 슈퍼마켓에 가면 냉동식품이 굉장히 잘 발달되어있다. 크로크 무슈 같은 간단한 것부터 메인요리, 크렘 브륄레 같은 디저트 종류까지 굉장히 많다.

피가드 picard
파리에서 쉽게 찾을 수 있는 냉동식품 전문점. 각종 야채, 고기, 퓨레, 수프, 갈레트, 타르타르 등 가벼운 재료와 음식에서부터 프랑스 가정식이라 불리는 레스토랑 메뉴들도 쉽게 찾을 수 있다. 대부분 전자레인지나 오븐에서 데우거나 조리할 수 있는 제품이다. 미식의 나라이지만 냉동식품 가게는 이곳 사람들이 좋아하는 장소다.
www.picard.fr

Vis pour voyager et voyage pour vivre

Jour 19

창문이 액자가
되는 공간

À paris;

Vis pour voyager et voyage pour vivre

Vis pour voyager et voyage pour vivre

내 그림과 꽃 이외의 이 세상의 그 어느 것도
나의 관심을 끄는 것은 없다.
- 모네 -

11시 물 위의 빛. 시간대별로 달라지는 연못 위의 빛을 그려보고 싶었다.
아침의 빛. 오후 3시의 빛. 해 질 녘의 빛은 어떻게 다를까?
그림을 그려놓은 듯, 각종 들꽃들이 수채화처럼 펼쳐져있다.

창문이 액자가 되는 공간.
마침 우리가 이곳에 막 도착했을 때
연못에서 수초를 정리하는 젊은 청년이 보였는데
마치 그림 속 한 장면 같았다.

지베르니 모네의 정원 giverny monet's garden
march~november everyJour 9:30~18:00
giverny.org

모네의 정원이 있는 지베르니에 가는 방법
PARIS SAINT LAZARE-VERNON GIVERNY
생라자르 기차역에서 지베르니행 왕복 기차표를 구매해
버스를 타고 50분 정도 가면 지베르니에 도착한다.
그곳에서 셔틀버스(버스에서 표 구매)를 타고 '모네의 정원'으로 가면 된다.
우리는 8시 20분 기차를 타고 와 지베르니를 구경한 다음
2시쯤 다시 파리로 넘어왔다.
모네의 정원은 넓지 않아 한 나절 정도면 충분히 둘러볼 수 있다.
모네를 사랑하는 사람이라면 꼭 가봐야 할 곳!

À paris;

Vis pour voyager et voyage pour vivre

파리에서 밥 해 먹기 샌드위치

공원이나 도시 근교로 피크닉을 갈 때 추천하는 메뉴로 만들기 간단하지만 푸짐하고 맛있다.

ingredient
비에누아즈 1줄
햄 슬라이스 2장
루꼴라 10장
바질 페스토 2큰술

recipe
비에누아즈를 반으로 갈라 재료를 차례대로 넣고 샌드위치를 만들어준다 (입맛에 따라 다른 빵을 사용해도 된다).

À paris; 189

Vis pour voyager et voyage pour vivre

Jour 20

거리에서
우연히 만난 것들

À paris;

Vis pour voyager et voyage pour vivre

À paris; 191

Vis pour voyager et voyage pour vivre

여전히 덥다.
며칠 지나면 온도가 내려간다고 하지만
파리의 6월이 이렇게까지 더울지는 몰랐다.
늘 여행하기 좋은 달은 5월, 6월이라 생각했는데
파리 사람들도 놀랄 만큼 이상 기온이 계속되었다.
가방에 챙겨온 몇 벌의 긴 셔츠가 소용없게 되었다.
벨소리에 눈을 뜨는 것이 아니라
더워서 벌떡 일어나게 되는 아침이다.

Vis pour voyager et voyage pour vivre

만약 오르세 미술관에 간다면 BBC에서 제작한 〈빛을 그린 사람들〉이란 4부작 드라마를 보고 가길 추천한다. 물론 수많은 화보가 출시돼 있지만 인상파 화가들의 스토리뿐만 아니라 그들의 명작들, 배경이 된 풍경까지 동시에 보여주니, 훨씬 쉽고 재미있게 작품을 이해할 수 있었다.

'Portraits de Cézanne'전은 우리가 사랑하는 세잔의 초상화 변천을 볼 수 있는 전시였다. 시대별로 달라지는 초상화 기법이나 표현 기법을 비교해볼 수 있어 유익했다. 프랑스에서는 대부분의 작품 설명을 불어로 표기해서 오디오 가이드를 이용하는 것이 도움이 된다. 그냥 감상하는 것도 좋지만 작품이 그려진 시기, 세잔에게 영향을 준 것들과 시대별로 달라지는 표현 기법을 살펴보는 것도 흥미로운 일이다.

전시를 보고 나오면서 유명 화가들의 작품들을 언제든 볼 수 있는 파리 사람들이 무척 부러웠다.

오르세 미술관 Musée d'Orsay
open: tue~sun 9:30~18:00, thu 9:30~21:45
tube: 1 Rue de la Légion d'Honneur, 75007 Paris
www.musee-orsay.fr

요거트나 그레놀라 같은 아침식사부터 타르틴과 샐러드까지
가볍게 점심식사를 즐길 수 있는 곳이다.
이곳은 빵을 비롯한 대부분의 메뉴에 유기농 식재료를 사용한다.
(메뉴판에 'bio'라 적힌 건 유기농이란 뜻이다)

벨기에에서 처음 론칭한 '르 팽 코티디앙'은
전 세계에서 체인점을 볼 수 있다.
파리에서는 요즘 채식 브런치가 유행인데,
과일·채소 주스, 빵에 각종 재료를 올린 따흐틴,
식사 대신 할 수 있는 빅 사이즈 샐러드 등이
이곳의 브런치 메뉴다.
'르 팽 코티디앙'은 예전 도쿄에서도 가본 적이 있는데
역시 샐러드나 따흐틴을 좋아하는 우리에게는
만족감이 큰 곳이었다.

르 팽 코티디앙 Le Pain Quotidien
open: 8:00~22:00
tube: 18~20 Rue des Archives, 75004 Paris
• 마레 지점 이외에도 파리 곳곳에 지점이 있다.

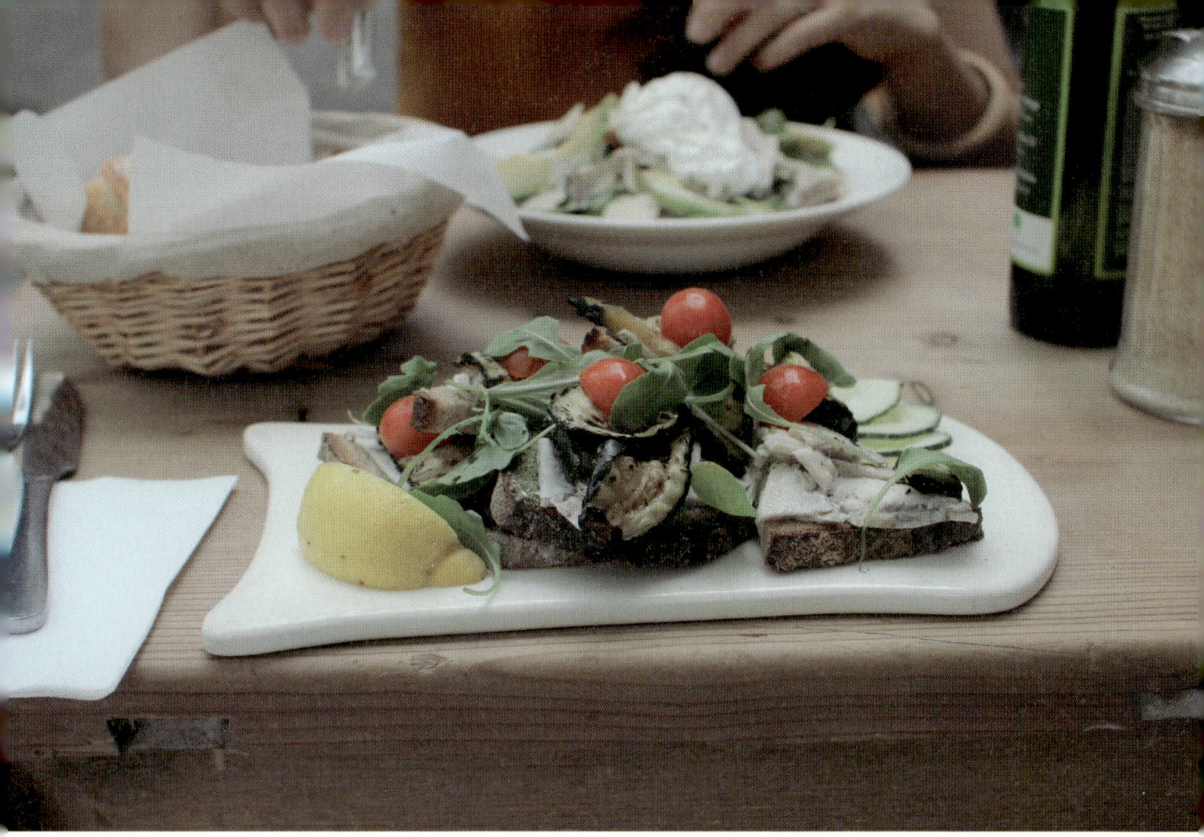

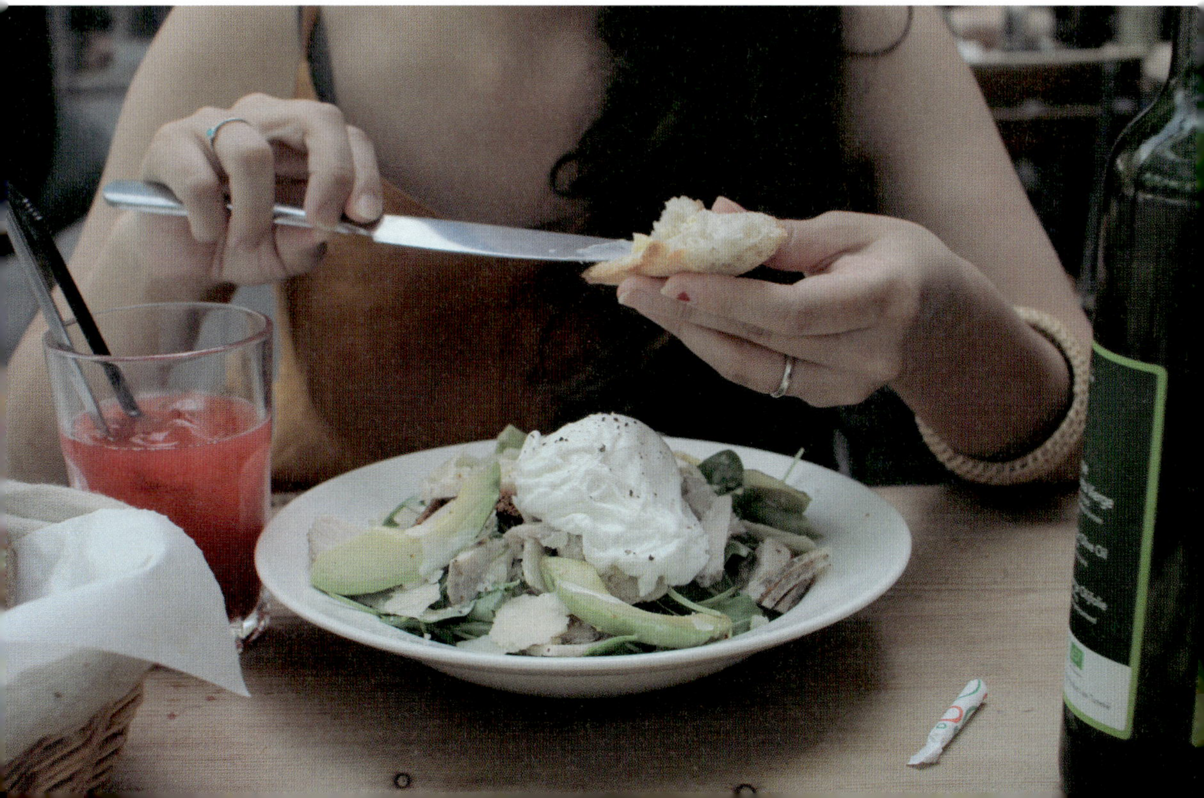

Vis pour voyager et voyage pour vivre

흔히 말하는 마레의 중심 거리에서 벗어나면
미로처럼 골목길이 연결돼 있다.
새로운 골목과 거리가 끊임없이 이어져있어
걷고 또 걸어도 새로운 곳이 자꾸만 등장한다.

그 숨겨진 거리에서
우연히 '앙리 카르티에 브레송' 사진도 보았고
영화 속에서 튀어나온 것 같은 멋진 커플도 보았다.
가고 싶었던 레스토랑의 셰프가 막 런치 타임을 끝내고
밖에 나와 쉬고 있는 모습도 우연히 발견했으며
창문 틈 사이로 멋진 작업물을 훔쳐보기도 했다.
늘 마주치는 것들에서 벗어나
파리 거리에서 우연히 만난 그 모든 것이
우리에게 잊지 못할 추억이 되었다.

Vis pour voyager et voyage pour vivre

빨간 외관이 포인트가 되는 이 갤러리도
우연히 전시 포스터를 발견하고 찾아간 곳이었다.

La Galerie de L'instant
open: mon 2:00~19:00, tue~sat 11:00~19:00, sun 14:30~18:30
tube: 46 Rue de Poitou, 75003 Paris

Vis pour voyager et voyage pour vivre

파리에서 밥 해 먹기 간단한 참치 샐러드

ingredient
루꼴라 20장
라임즙 1개 분량
버진올리브유 3큰술
소금·후추 약간씩
참치캔 1개
크림치즈 3스푼

recipe
1. 레몬즙, 버진올리브유, 소금, 후추를 잘 섞어 드레싱을 만들어 미리 냉장고에 넣어둔다.
2. 참치는 기름을 제거해준다.
3. 샐러드 볼에 루꼴라를 넣고 크림치즈를 먹기 좋은 크기로 올려준 다음 기름을 뺀 참치를 올리고 그 위에 미리 만들어둔 드레싱을 뿌려준다.

Vis pour voyager et voyage pour vivre

Jour 21

느낌 있는 거리
푸아소니에르

À paris;

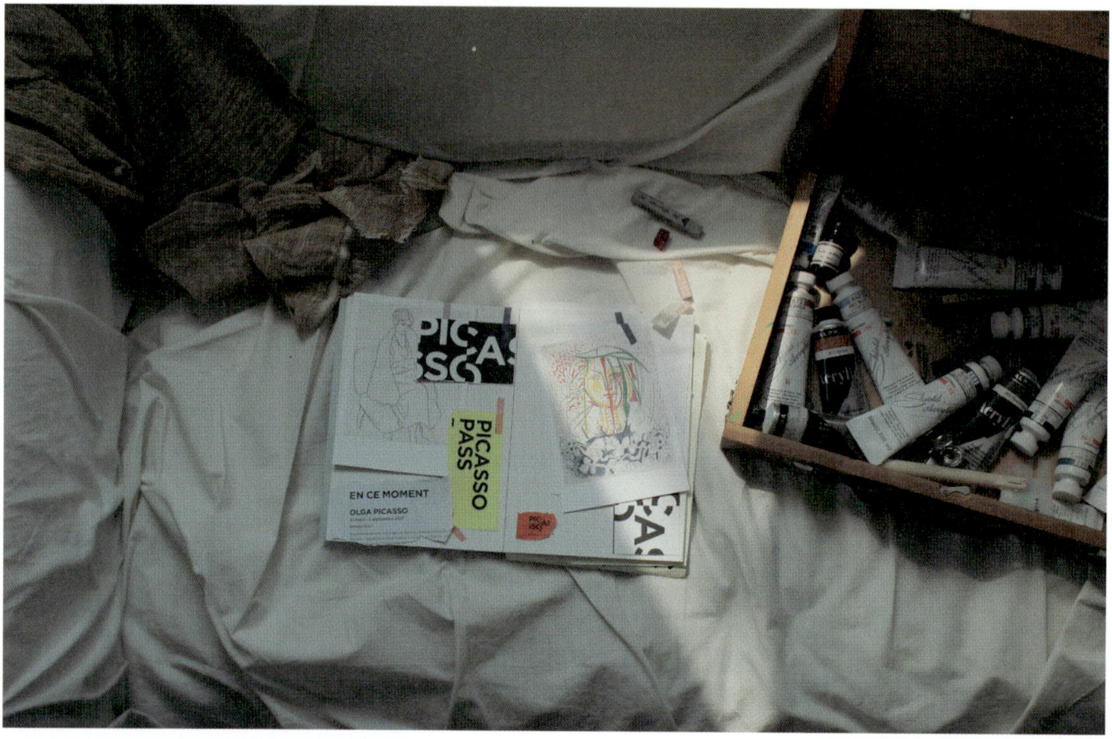
PICASSO PASS
EN CE MOMENT
OLGA PICASSO

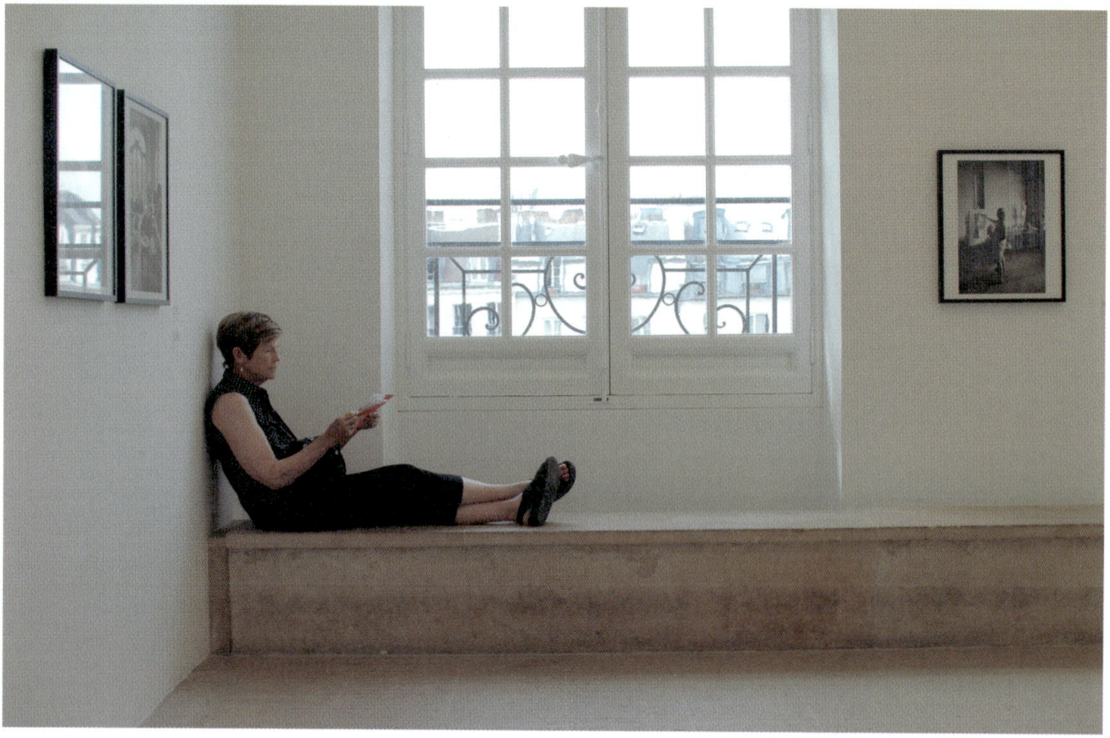

Vis pour voyager et voyage pour vivre

파리에 한 달 있으면서 보주 광장과 더불어
가장 많이 지나다닌 곳이 피카소 미술관 앞일 것이다.
가장 여유 있는 날 가려고 오랫동안 아껴두었던 곳이다.

우리가 방문했을 때의 전시 주제는 '올가 피카소(Olga picasso)'.
피카소의 공식적인 첫 번째 부인 이름이 '올가'인데
올가와 아들 파블로에 대한 드로잉, 사진, 그림 등을 감상할 수 있었다.
피카소의 작품 하면 떠오르는 입체주의적인 그림이 아니라
올가와 아들이 영향을 끼친 사실적인 페인팅이 주를 이뤘다.

파리 피카소 미술관 musée picasso
17세기 중반에 세워진 고저택 살레를 개조한 미술관으로
리뉴얼 후 훨씬 세련된 모습을 갖추었다.
피카소의 회화와 조각, 부조, 도자기, 소묘 작품과
그가 수집한 일부 작품, 자필 원고 등을 소장하고 있다.
open: tue~sun 9:30~18:00, mon 휴무
tube: 5 Rue de horigny, Paris
www.musee-picasso.fr

언뜻 보면 미국 배우 브래들리 쿠퍼를 닮은
크리스토퍼 미샤락은 프랑스의 유명 페스츄리 셰프다.
페스츄리 셰프 중에서 디자인적인 면이나
스타일이 굉장히 젊어서 내가 좋아하는 셰프 중 한 사람이다.
나는 디저트 전문가는 아니다 보니 음식과 궁합이 맞는
간단한 디저트류를 좋아하는 편이다.
프랑스 디저트를 만들려면 굉장히 손이 많이 가는데
미샤락은 좀 더 심플하고 스타일리시한 디저트를 좋아하는 편이다.
그래서 생각지도 못했던 재료의 조합이나 디자인을 선보인다.
언젠가 꼭 한번 카페 미샤락에서 그의 디저트를 맛보고 싶었다.

우리가 방문한 카페 미샤락에서는
디저트 학교도 같이 운영하고 있고
디저트와 더불어 가벼운 샐러드류도 함께 판매하고 있다.
나는 그 중 토마토소스를 곁들인 플렌타 구이를 추천한다.
옥수숫가루로 만든 플렌타 구이는 고소하고 부드럽다.

Vis pour voyager et voyage pour vivre

카페 미샤락 Café Michalak
open: mon~sat 10:00~19:00
tube: 60 rue du Faubourg Poissonniere
www.christophemichalak.com

Vis pour voyager et voyage pour vivre

미샤락 카페가 있는 푸아소니에르 거리에 가면
각종 숍들이 유명 음식점이나 카페와
붙어 있는 경우가 많아 식사 후 구경하기 좋다.

푸아소니에르 거리의 추천 음식점
Rue du Faubourg Poissonniere

- Le Garde-Manger(food, coffee)
- Cafe Soucoupe(coffee)
- Cafe Pinson(healty food, coffee)
- Cafe Marlette(food, coffee)
- Richer(restaurant)

곳곳에 무심히 쌓인 책도
책방 뒤에 숨어있는 갤러리조차도 멋진 서점이다.
패션과 디자인 책을 주로 취급하지만
다양한 아트 북과 매거진도 찾아볼 수 있는 곳이다.
'ofr'에서 멀지 않은 곳에 'ofr specil'도 있는데,
이곳에는 각종 포스터와 예술 작품들을 전시, 판매하고 있다.
우리가 머물렀던 6월에는 2018 F/W 패션쇼가 한창이라 그런지
이곳 주위에 패션 피플들이 넘쳐났다.

ofr
open: mon~sat 10:00~20:00, sun 14:00~19:00
tube: 20 Rue Dupetit-Thouars, 75003 Paris
instagram: @ofrparis

Vis pour voyager et voyage pour vivre

ofr 근처 추천 카페

Fondation cafe
ofr 서점 바로 옆에 있는 작은 카페.
open: mon~fri 8:00~18:00, sat~sun 9:00~18:00
tube: 16 Rue Dupetit-Thouars, 75003 Paris

The broken arm
인테리어뿐만 아니라 외관이 너무 예쁜 카페. 바로 옆에 유명한 편집숍이 위치하고 있다.
open: tue~sat 9:00~18:00
tube: 12 Rue Perree, 75003 Paris

Vis pour voyager et voyage pour vivre

라 트헤조흐히 La Tresorerie은
주방용품, 문구류, 패브릭, 가구 등 세련된 상품 구성으로
눈길을 끄는 라이프스타일 편집숍이다.
특히 다양한 주방용품이 눈길을 끄는데
우리도 이곳에서 커트러리와 소품들을 구매했다.
천정이 높아 더 멋스러운 내부 공간에 잘 어우러지는
상품들의 디스플레이에 마음을 빼앗겨 한참을 머물다 나왔다.

편집숍 바로 옆에는 이곳에서 운영하는
커피와 샌드위치를 파는 카페 스몰가스가 있다.

라 트헤조흐히 La Tresorerie
open: tue~sat 11:00~19:30
tube: 11 Rue du Chateau d'Eau, 75010 Paris
latresorerie.fr

아미니 amini
라 트레종 건너편에 있는 편집숍으로 인도에서 영향을 받은
다양한 패턴의 베개, 카페트, 가방 등 홈 데코용품을 판매하는 곳.
tube: 10 Rue du Chateau d'Eau, 75010 Paris

카페 스몰가스 cafe smorgas
간단한 아침 식사와 커피나 티 같은 음료를 파는 카페.
'smorgas'는 스웨덴어로 오픈 샌드위치를 말하는데,
따흐틴처럼 빵 한쪽 위에 야채나 계란을 올린
전형적인 아침식사 메뉴다.
open: tue~fri 9:00~15:30, sat 9:00~18:30
tube: 11 Rue du chateau d'eau, 75010 Paris
instagram: @cafesmoragas

Vis pour voyager et voyage pour vivre

Jour 22

이름만큼이나 낭만적인
낭만주의 미술관

À paris;

Vis pour voyager et voyage pour vivre

드디어 세 번째 집에서의 마지막 아침이다.
네 개의 숙소 중 유일하게 선풍기가 없었던 곳,
우리는 이곳에서 선풍기 없이 5일을 견뎠다.
너무 더워 물을 얼려서 끌어안고 자기도 했고
뜨거운 햇살 때문에 절로 잠이 깨기도 했다.
하지만 이런 추억마저도 그리운 기억에 남을 것 같다.

낭만주의 미술관 Musée de la Vie romantique
open: tue~sun 10:00~18:00
tube: 16 Rue Chaptal, 75009 Paris
vie-romantique.paris.fr

Vis pour voyager et voyage pour vivre

이름만큼이나 낭만적인 분위기의 낭만주의 미술관.
우리가 갔을 때는 꽃에 대한 전시를 하고 있었는데
눈을 뗄 수 없을 만큼 아름다운 작품이 많았고
미술관 공간과 전시 이미지가 아주 잘 어우러졌다.
이곳에는 야외 카페도 마련돼 있었는데 비가 조금씩 내리는 날씨였음에도
다들 아무렇지 않게 비를 맞으며 커피나 샐러드를 즐기고 있었다.
파리에 온다면, 전시 관람 목적이 아니더라도
이 카페에서 커피 한 잔의 여유를 가져보길 추천한다.
미술관 옆 나무 사이에 놓인 야외 테이블에 앉아 있으면
마치 비밀의 정원에서 식사하는 것 같은 느낌이 들 것이다.

Vis pour voyager et voyage pour vivre

파리에서 밥 해 먹기 닭구이

슈퍼마켓이나 마르쉐 시장에 가면 닭구이를 파는 광경을 종종 볼 수 있다.
여러 시즈닝과 향신료를 발라 기름이 쭉 빠질 수 있도록 통으로 구운 닭이다.
비교적 간단하게 만들 수 있는 메뉴라 저녁식사로 준비해보았다.
후덥지근한 여름에는 이만한 메뉴가 없다. 간단하면서 입맛을 돋울 수 있다.

ingredient

알감자 5개
당근 1개
소금 후추
닭다리 2개
버터 50g

recipe

1. 알감자와 당근은 먹기 좋은 크기로 손질한 다음, 소금과 후추로 간을 한다. 찬물에 넣어 익을 때까지 삶아준다.
2. 프라이팬에 버터를 녹여주고 닭을 노릇하게 구워준다. 소금, 후추로 간을 한 다음, 노릇하게 구워지면 180℃ 오븐에서 10분 정도 구워준다.
3. 닭이 익으면 미리 익혀두었던 감자와 당근을 섞어준다.

Vis pour voyager et voyage pour vivre

Jour 23

네 번째 집

À paris;

네 번째 집은 깨끗한 아파트 1층에
꽃과 나무, 햇살이 넘치는 곳이었다.
이전 집들이 관광객을 위해 꾸며놓은 집 같았다면,
이번 집은 주방용품부터 생활용품까지
주인의 취향이 고스란히 묻어있어 온기로 가득했다.
사진 상으로 볼 때는 가장 호감이 가지 않았던 집인데
실제로 와서 보니 가장 마음에 드는 집이었다.
역시 사진만 보고 숙소를 고르는 것은 쉽지 않은 일이다.

이 집으로 오면서 날씨가 다시 정상으로 돌아왔다.
조금 덥긴 했지만 걸어 다니기에 무리 없는 28~29℃ 정도였다.
36℃가 넘는 힘든 날씨를 겪어서인지
조금 꺾인 날씨가 그저 고마울 뿐이었다.

파리에서의 네 번째 집
주인의 취향이 반영된 햇살이 가득 들어오는 깨끗하고 안전한 1층 아파트.
tube: 라 뮤트(la muette)역에서 도보로 10분 거리에 있는 고급 아파트
price: 15만 원대
reservation: www.booking.com

Vis pour voyager et voyage pour vivre

À paris;

Vis pour voyager et voyage pour vivre

퐁피두센터 바로 앞에 있는 아뜰리에 브랑쿠시.
브랑쿠시는 1904년부터 1957년까지 파리에 머물며 작품 활동을 했는데
사후에는 그의 유언에 따라 스튜디오의 모든 것이 프랑스에 남겨졌다.
이곳에는 그의 조각품부터 드로잉 작품, 작업 현장,
도구 등 모든 것이 전시되어있다.
책이나 인터넷을 통해 볼 때는 공간이 창으로 둘러싸인 줄 몰랐는데
창을 통해 보이는 바깥 풍경 때문에 공간이 훨씬 돋보였다.
크지 않은 규모와 위치 때문인지 입장료가 무료임에도 불구하고
퐁피두와는 비교할 수 없을 정도로 한산했다.
나에겐 이것이 오히려 행운이었다.
가만히 벤치에 앉아 유리창 너머로 보이는
브랑쿠시의 작품과 그의 아뜰리에를 한참이나 구경했다.

아뜰리에 브랑쿠시 Atelier Brancusi
입장료 무료.
open: wed~sun 14:00~18:00
tube: lace Georges Pompidou, 75004 Paris

À paris; 231

마레의 골목을 걷다 보면 갤러리와 무료 전시가 워낙 많다.
그래서 특이한 건물이나 전시가 눈에 띄면 한 번씩 들어가본다.
한 건물 앞에서 무슨 전시인지 궁금해서 서성거리고 있었더니
한국 유학생으로 보이는 분이
"건축 전시인데 무료이니까 들어가 보세요."라고 귀띔해줬다.
사실 건축에는 관심이 많지 않았지만 남동생이 건축 전공자라
알려줄 것이 없나 해서 냉큼 들어가보았다.

Vis pour voyager et voyage pour vivre

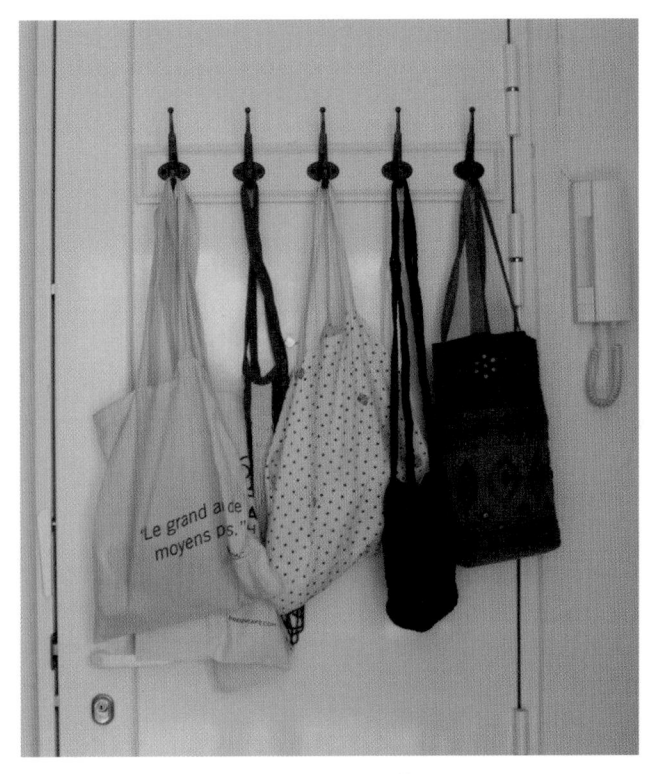

파리 사람들은 에코백을 참 많이 든다.
그런데 신기한 것은 어느 것 하나 같은 것이 없고
세련된 그래픽이 반영된, 제각기 다른 디자인의 에코백이다.
거리나 지하철, 미술관에서 마음에 드는 에코백을 발견할 때마다
대체 저건 어디서 샀을까 늘 궁금했다.
그래서 각종 숍이나 박물관 숍에 갈 때마다 눈여겨보았던 것을
찾아보았지만 같은 것을 발견하기란 쉽지 않았다.

이후에 유심히 살펴보았더니 대부분 백 위에
사이트 주소나 단체 이름이 적혀있었다.
어떤 날은 한 무리가 똑같은 에코백을 우르르 메고
나오는 것을 목격했는데, 행사에서 선물로 받은 것 같았다.
무료로 나눠주는 것인데도 예쁘고 멋진 것들이었다.

Vis pour voyager et voyage pour vivre

파리에서 밥 해 먹기 바질 페스토 샐러드

ingredient

바질페스토 1큰술

크림 치즈 2큰술

와일드루꼴라 조금

슬라이스햄 1개

recipe

큰 볼에 재료를 모두 넣어서 섞으면 끝!

Vis pour voyager et voyage pour vivre

Jour 24

파리의 재래시장
& 주말 마켓

À paris;

아침에 사온 그래놀라를 맛보는 시간.

그래놀라를 구입한 카페 말레트는
시리얼, 쿠키, 파이를 만들 수 있는
반조리 제품을 직접 만들어 파는 곳으로
재료들이 담긴 패키지의 디자인이 아기자기 예쁘다.

카페 말레트 Cafe Marlette
우리가 간 곳은 카페와 함께 운영하는 매장이었지만, 마레에 있는
BHV 식료품 매장에서도 마레트 제품을 구입할 수 있다.
open: mon~fri 8:30~19:00, sat & sun 9:30~19:00
tube: 63 Rue du Faubourg Poissonniere, 75009 Paris

Vis pour voyager et voyage pour vivre

앙팡루즈 시장은 파리에서 가장 오래된 재래시장으로
각종 채소와 과일 그리고 다양한 나라의 음식들을 팔고 있다.
평일에는 그리 붐비지 않는데 주말에는 굉장히 사람이 많다.
하지만 위치가 안쪽에 숨어있기 때문에 지나칠 수도 있는 곳이다.
우리도 시장인 줄 모르고 입구에 꽃이 보여
따라 들어갔다가 발견한 보석 같은 장소다.

앙팡루즈 시장 Marché des Enfants Rouges
open: tue~thu 10:00~20:00, fri & sat 8:00~20:30, sun 8:30~17:00
tube: 37 Rue Charlot, 75003 Paris

Vis pour voyager et voyage pour vivre

주말의 마레는 늘 많은 사람들로 붐빈다.
그럴 땐 테라스가 있는 카페에 앉아
사람 구경하는 것도 주말 마레를 즐기는 방법 중 하나다.
우리가 여유롭게 시간을 보낸 곳은 유명한 카페 '르 볼티겨',
재미있는 문구를 적어주는 카푸치노가 특색 있는 곳이다.

빅 러브 big love
이탈리안식 브런치 뿐아니라 이탈리안식 피자와 파스타를 맛볼 수 있는 핫한 이탈리아 카페.
open: mon~fri 12:00~4:30, 7:00~22:45, sat~sun 9:00~16:30, 7:00~22:45
tube: 30 Rue Debelleyme, 75003 Paris

오버 마마 ober-mamma
SNS에서 음식보다 인테리어로 먼저 눈을 끄는 유명 이탈리안 식당.
인테리어만큼이나 맛도 괜찮아서 현지인과 관광객 모두에게 사랑받는 곳이다.
open: mon~fri 12:15~14:30, 7:00~13:00, sat~sun 12:15~15:30, 7:00~13:00
tube: 107, Boulevard Richard Lenoir, 75011 Paris

르 볼티겨 le voltigeur
늘 붐비는 곳이지만
친절해서 호감이 가는 카페다.
open: mon~sun 10:00~14:00
tube: 45 Rue des Francs Bourgeois, 75004 Paris

주말이 되면 크지 않은 시장이 동네마다 열린다.
특별히 찾지 않아도 걷다 보면 만나게 되는 마켓.
평소에 과일을 많이 먹지 않는 편이지만
이곳의 더운 날씨에 지쳐서인지 부쩍 과일이 당긴다.
오늘은 라즈베리 한 통, 복숭아, 사과 등
과일류를 사서 집으로 돌아왔다.

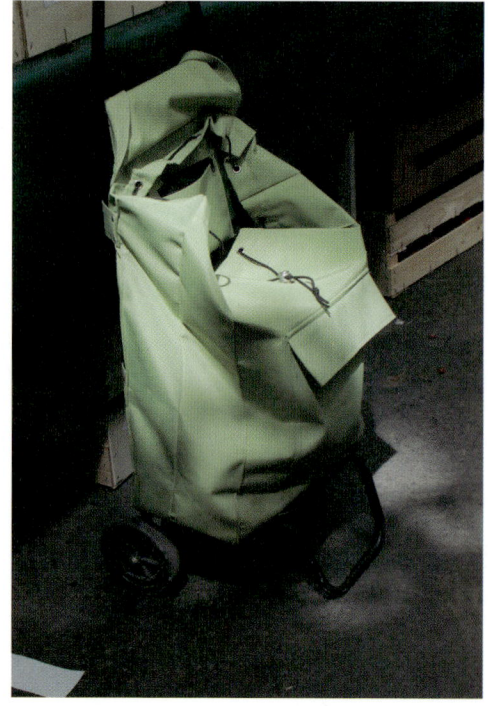

Vis pour voyager et voyage pour vivre

냉장고에 보관해둔 크림치즈에
허브와 마늘을 다져 넣으면
맛있는 크림치즈가 완성된다.
동네 빵집에서 사두었던 바게트 한 조각에
이 크림치즈를 발라서 먹으면
"Très bon!"

Vis pour voyager et voyage pour vivre

Jour 25

매일
보고 싶은 것들

À paris;

Vis pour voyager et voyage pour vivre

어제 시장에서 사온
복숭아와 사과로 시작하는 아침.

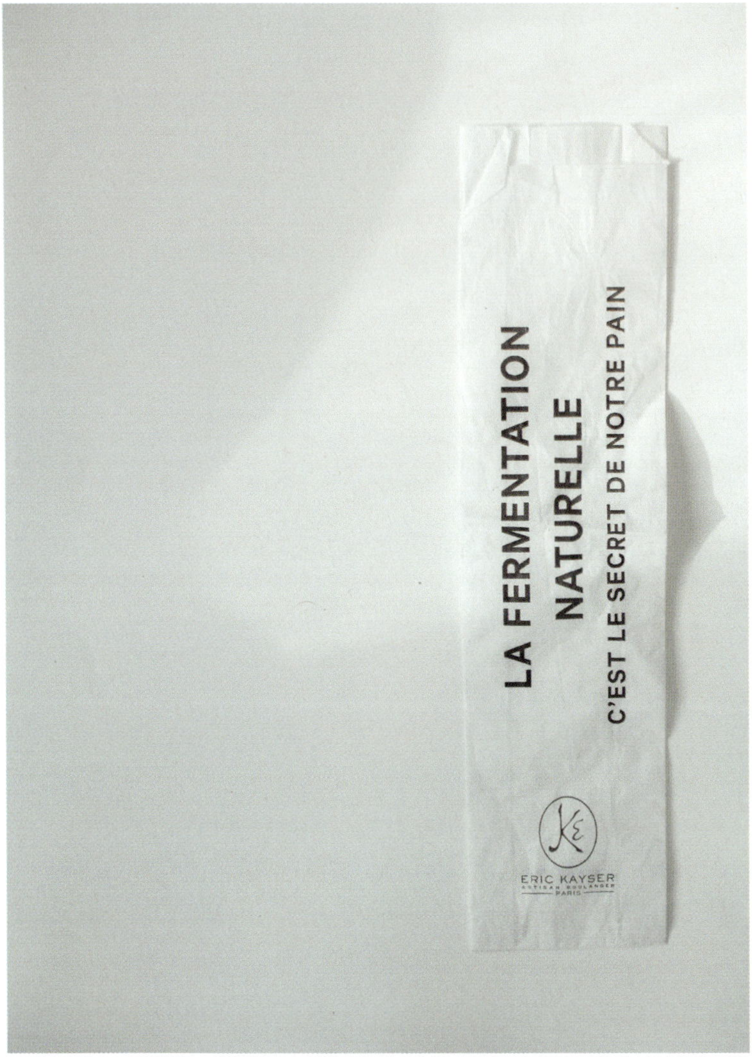

LA FERMENTATION NATURELLE

C'EST LE SECRET DE NOTRE PAIN

ERIC KAYSER
ARTISAN BOULANGER
PARIS

Vis pour voyager et voyage pour vivre

Vis pour voyager et voyage pour vivre

건강하게 살고 싶은 욕구는 어디에서나 마찬가지인지
요즘 파리에서 핫한 카페나 식당들은 온통 'bio' 열풍이다.
나나시는 건강한 채식 벤토를 파는 가게다.
점심시간 12시에 맞추어 도착했는데
30분 만에 60~70명이 앉을 수 있는 자리가 모두 차버릴 만큼
이곳 사람들에게 대단한 인기를 끌고 있다.
주먹밥, 샐러드, 두부 등 재료 본연의 맛을 살린
건강한 맛의 도시락을 다양하게 맛볼 수 있다.

나나시 Nanashi parisien bento
open: mon~fri 12:00~15:00, 20:00~23:00, sat&sun 12:00~16:00, 15:30~23:00
tube: 57 rue Charlot, 75003 Paris
www.nanashi.fr

마리아주 프레르 Mariage Fréres
open: mon~sun 10:30~19:30
tube: 30 Rue du Bourg Tibourg, 75004 Paris

마리아주 프레르는 첫 번째 숙소에 머물 때
자주 가던 큰 슈퍼 근처에 있었기 때문에
하루에도 몇 번씩 지나다닌 곳이다.

그때마다 문 사이로 귀여운 양복을 입은 직원들이 살짝살짝 보였고
일본의 매장과는 비교도 안 될 정도로 다양한 차와 도구들이 가득했다.
우리가 간 매장은 차와 디저트뿐 아니라 식사까지 할 수 있었다.

Vis pour voyager et voyage pour vivre

이봉랑베르 서점은 프랑스의 대표 아트 딜러인
이봉랑베르가 운영하는 서점이다.
다양한 예술 서적과 잡지, 한정판 서적,
구하기 어려운 포스터나 아티스트 북들을 볼 수 있다.
세계적으로 유명한 아티스트들과의 프로젝트를
직접 출판하기도 하고 서점 내 갤러리에 전시하기도 한다.
늘 책이 있는 공간 반대편은 전시 공간으로 활용되는데
이봉랑베르가 좋아하는 작품을 직접 골라 전시한다고 한다.

내가 도착했을 때 쯤,
유리창 너머로 시선을 빼앗는 사진 한 장이 보였다.
보고만 있어도 탄성이 나올 정도로 마음에 들었다.
구입하지는 못하지만 이곳에 있는 동안은 충분히 보고 싶어
일부러 이 앞을 자주 지나다녔다.

이봉랑베르 서점 yvon rambert book store
open: tue~sat 10:00~19:00, sun 14:00~19:00
tube: 108 rue Vieille du Temple 75003 Paris
instagram: @librairieyvonlambert
shop.yvon-lambert.com

Vis pour voyager et voyage pour vivre

야마자키 프랑스는 라 뮤트역에 내려 집으로 가는 길에 있는 빵집이다.
우리는 이곳에서 저녁 디저트로 먹을 오페라와 크루아상을 샀다.
일본 유명 제과점이라 그런지 이곳에는 팥빙수도 판다고 한다.
미리 알았더라면 가장 더운 날 이곳에서 팥빙수라도 먹었으면 좋았을 텐데!

야마자키 프랑스 Yamazaki France
open: mon~sun 8:00~15:00
tube: 6 Chaussée de la Muette, 75016 Paris

Vis pour voyager et voyage pour vivre

Jour 26

파리에서 매일매일
해야 할 일들

À paris;

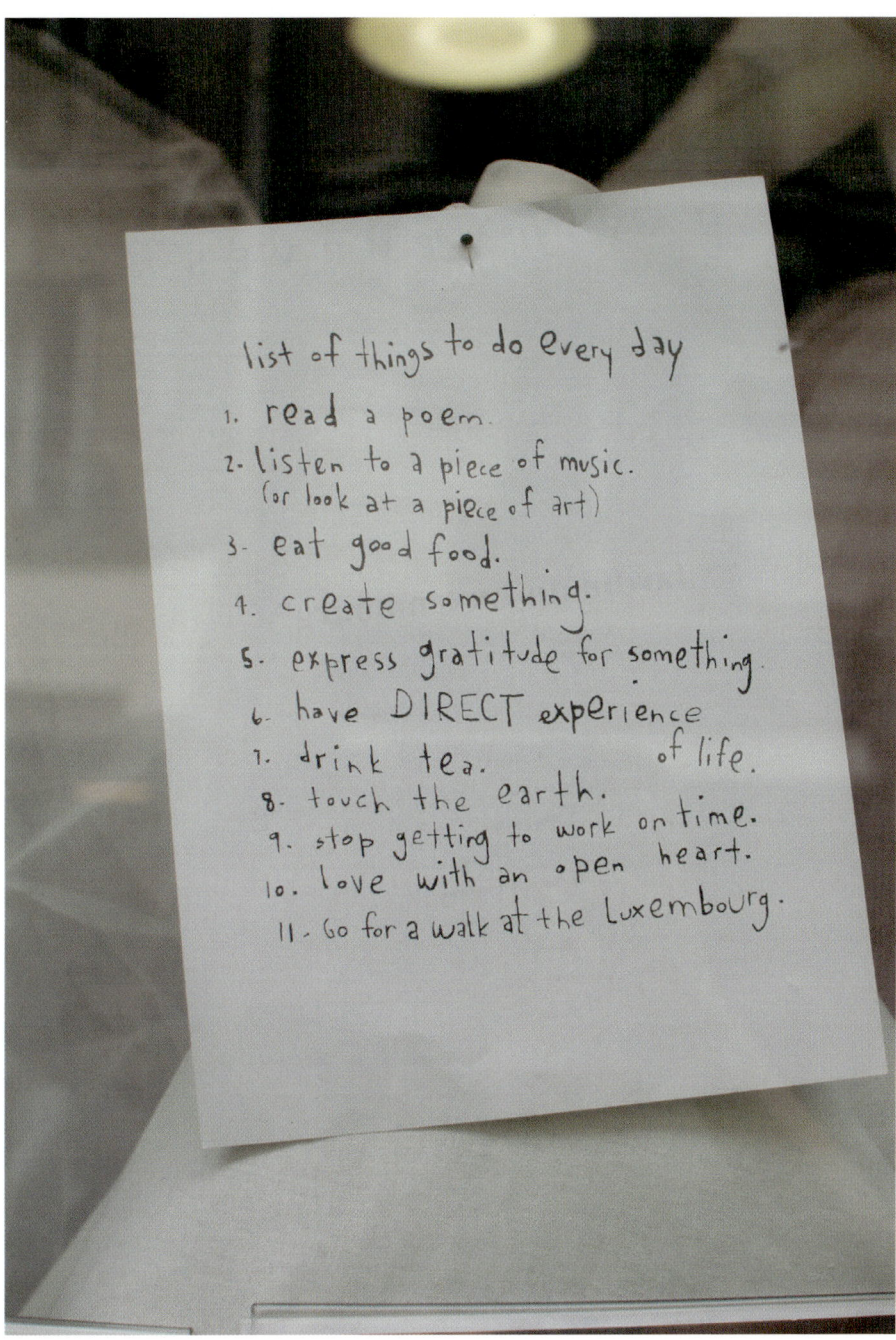

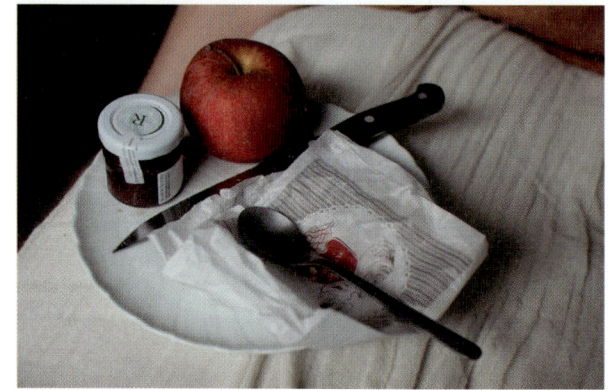

이곳에 온 지 한 달이 다 되어가지만
우리는 야경을 한 번도 보지 못했다.
11시가 다 되어서야 해가 지는 이유도 있지만
집에 들어오면 다시 나가기가 정말 귀찮아진다.
게다가 이번 집이 편안해서 더 그런 것 같다.
한국으로 돌아가기 전에 꼭 나가보려 했는데
결국은 실천하지 못했다.
다음에 파리에 오면 꼭 해봐야지!

Vis pour voyager et voyage pour vivre

퐁피두 센터 Centre Georges Pompidou
우리가 데이비드 호크니 전시를 보았던 곳으로
파리의 3대 미술관 중 하나이며
유럽 최고의 현대미술 복합 공간이다.
open: wed~mon 11:00~22:00
tube: Place Georges-Pompidou, 75004 Paris

À paris;

Vis pour voyager et voyage pour vivre

À paris;

WALKER EVANS

26 APRIL — 14 AUGUST 2017

Walker Evans (1903-1975) was one of the most important twentieth-century American photographers. His photographs of the Depression years of the 1930s, his assignments for *Fortune* magazine in the 1940s and '50s and his "documentary style" would influence generations of artists and photographers.
This exhibition, the first major retrospective in a French museum, highlights Evans's fascination with certain typically American subjects, such as roadside buildings, shop fronts, the faces of anonymous passers-by. This approach enables one to grasp what lies at the heart of his work: a passionate quest to identify the fundamental features of American vernacular culture. Bringing together the best examples of his work, drawn from the most important private and public collections, the exhibition also accords a large place to the artefacts that Evans himself collected throughout his life. Featuring over 400 works and documents, it offers a new approach to the work of one of the most significant figures in the history of photography.

Centre Pompidou 40

The Centre Pompidou app offers a tour of the Walker Evans exhibition with point of views from art historians as well as the artist himself, and specially conceived "sound environments", to conjure up the world of Walker Evans's photographs.

Vis pour voyager et voyage pour vivre

사과를 먹을 때 가장 예쁜 것을 먼저 골라 먹는 사람이 있고 아껴두었다가 나중에 먹는 사람이 있다. 때때로 다르지만 나는 아무래도 후자의 성향을 가진 사람인 것 같다. 가장 보고 싶은 전시는 가장 나중 일정으로 아껴두었다.

그러다 보니 포토그래퍼인 워크 에반스와 데이비드 호크니의 전시를 파리를 떠나기 직전에 찾게 되었다. 전시 전부터 파리의 예술 서점들은 데이비드 호크니 작품집과 포스터를 다투어 홍보했고 어딜 가나 워크 에반스의 사진집이 보였다.

워크 에반스는 20세기 미국 출신 사진가 중 중요한 인물이다. 1930년 미국이 대공황을 겪던 경제적으로 어려운 시기에 미국의 남부 지역을 다니며 당시 사회상을 사실적으로 기록했다. 이번에는 그의 다큐멘터리적인 사진과 함께 그가 관심을 가졌던 오브젝트들도 함께 전시되었다.

우리가 머무는 동안 전시회가 열려 운 좋게 감상할 수 있었던 데이비드 호크니의 작품들! 책 속에서만 보던 것들을 실제로 볼 수 있어 좋았고 드로잉, 신기한 포토 콜라주 작품을 만나는 것 또한 즐거움이었다.

From the early 1930's onward, most of Walker Evans's photographs take the vernacular for their subject. The places he scouts are non-descript spaces of circulation: the American highways, small-town main streets, sidewalks with their signs and shop windows. Those who populate his photographs are never famous figures, but unknown, nameless also-rans. The objects that fascinate him are everyday, utilitarian, mass-produced, and disposable. Evans loved the tiny everyday details, the invisible and uncatalogued culture that for him revealed a certain idea of *Americanness*.

Vis pour voyager et voyage pour vivre

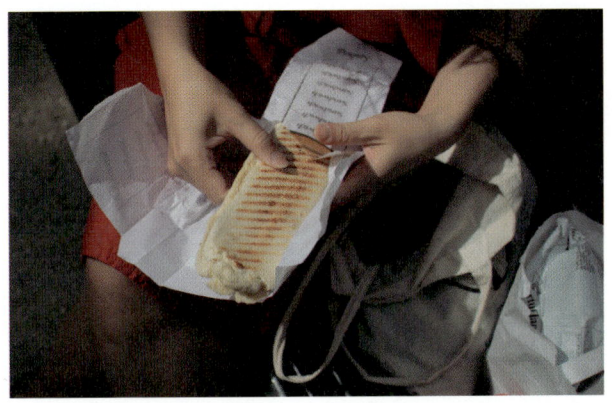

유학시절 친구를 따라 처음 가본 파니니 전문점,
크레페즈 앤 샌드위치즈는 소르본 길가의 모퉁이에 있어
눈에 잘 띄지 않는다.
여러 파니니를 먹어보았지만 이곳 파니니는 최고인 것 같다.
한국에서도 가끔 생각났던 이곳의 음식들!
따뜻하고 바삭한 식감의 샌드위치 안에
상큼한 토마토, 닭 가슴살, 치즈의 조화가 훌륭하다.
음료까지 합쳐서 가격이 3유로라니
내가 이곳을 사랑할 수밖에 없는 또 하나의 이유.

크레페즈 앤 샌드위치즈 Crêpes and sandwiches
tube: 53 Rue de la Harpe, 75005 Paris

포펠리니는 슈를 전문으로 하는 디저트 숍이다.
슈 반죽을 처음 만들었다는 이탈리안 셰프 포렐리니의
이름을 따 숍 이름을 지었다고 한다.
슈 반죽 위에 '크라클랭'이라는 슈 토핑을 올려 굽는 방식인데
심플한 슈 반죽 위에 프랄리네, 레몬, 커피, 마카다미아 등
여러 재료를 올려 토핑하고 크림을 채워 완성한다.
바삭한 크라클랭과 촉촉한 크림의 조화가 일품이다.

포펠리니 Popelini
open: tue~sat 11:00~19:30, sun 10:00~18:00
tube: 29 Rue Debelleyme, 75003 Paris
instagram: @popeliniofficiel
popelini.com

Vis pour voyager et voyage pour vivre

앞에서도 이야기했지만 프랑스 음식 중
가장 좋아하는 것이 뭐냐고 묻는다면
의심도 없이 단연 '테린'이라고 답할 것이다.
나는 한국 음식 중에서도 만두를 가장 좋아한다.
만두에는 고기에 두부, 각종 채소, 잡채까지
좋아하는 모든 식자재가 골고루 들어 있다.
테린, 빠테, 리에뜨 같은 음식 역시
고기를 갈아 온갖 야채와 술 등을 넣은 다음
오랫동안 오븐에 구워 차갑게 굳혀 먹는,
만두와 비슷한 요리다.
특히 테린은 다양한 고기들을 잘게 다져 넣고
특히 닭 간을 넣어 만들기 때문에
식감이 부드러워 빵에 발라 먹기에 좋다.

마트에서 판매하는 테린은 유리병에 담긴 경우가 많다.
냉장 보관된 것이 아니기에 처음 오픈했을 때는
약간 상한 맛이 날 수도 있으니
윗부분은 살짝 걷어 내고 먹을 것!

오늘도 내가 사랑하는 테린에 빵 한 조각,
샐러드까지 완벽한 한 끼였다.

À paris;

Vis pour voyager et voyage pour vivre
───────────

트러플은 세계 3대 진미 중에 하나에 속한다.
7년 만에 수확이 되는 귀중한 식재료다.
가격이 어마어마한데 수확 과정이 제한적이고 채취도 어렵기 때문이다.
트러플을 채취할 때는 전문 채취가와
암퇘지가 독특한 향을 이용해 찾는다고 한다.
요즘은 우리나라에도 수입 식자재가 많이 들어와있어
인터넷이나 큰 마트에서 쉽게 구할 수 있다.

트러플 오일이나, 절임 트러플, 트러플 소금, 트러플 칩
이런 것들은 비교적 구하기 쉽고
그중에서도 트러플 칩이 가장 흔히 보인다.

봉 마르쉐에 가면 반드시 사 먹어봐야 하는 것이
바로 트러플 칩!
가격은 일반 포테이토칩에 비해서 조금 비싸지만
1664 맥주에 트러플 칩을 곁들이면
더위에 지치고 피로했던 몸이 나른해지는 느낌마저 든다.

나는 평소에 트러플을 워낙 좋아해서
트러플 오일은 늘 떨어지지 않게 준비해두는 편이다.
오븐에 감자를 얇게 구워 꺼낼 때
트러플 오일을 살짝 뿌려서 먹으면 훨씬 맛이 좋다.

Vis pour voyager et voyage pour vivre

Jour 27

날씨가 너무 좋아
앉아있기도 아까운 날

À paris;

Vis pour voyager et voyage pour vivre

À paris;

Vis pour voyager et voyage pour vivre

날씨가 너무 좋아
집에서 아침을 먹기도 아까운 날이다.
사실 여행 중반쯤엔 더위 때문인지 파리가 싫어지고
무작정 한국에 가고 싶은 마음이 든 적도 있었다.
하지만 막상 돌아갈 날짜가 다가오니
집 앞 공원도, 매일 보던 건물도, 푸르디 푸른 하늘도
괜히 그리워질 것 같다.

불리 1803 Officine Universelle Buly 1803
open: mon 11:00~19:00, tue~sat 10:00~19:00
tube: 6 Rue Bonaparte, 75006 Paris
instagram: @officine_universelle_buly
www.buly1803.com

Vis pour voyager et voyage pour vivre

에꼴 보자르 학교와 갤러리가 즐비한
거리에서 발견한 불리 1803 매장.
물론 한국에도 들어와 있는 브랜드지만,
마치 19세기 어느 향수 가게에 온 듯
이국적인 분위기와 인테리어로 눈길을 사로잡는다.
인테리어뿐 아니라 제품 패키지와 포장,
함께 주는 카달로그마저 신비로운 곳이다.

Vis pour voyager et voyage pour vivre

'아!'하고 탄성이 나오게 만든다.
그릇 하나, 컵 하나, 접시 하나…
어느 것 하나 가지고 싶지 않은 것이 없다.
아스티에 드 빌라트 제품들은 화산재로 빚어
상상 이상으로 가볍고 생각보다 견고하다.
뽀얀 유약 아래에 비치는 특유의 회색빛에
묘한 끌림이 있다.
똑같은 것이 없는 핸드메이드 제품이라는 것이
최고의 매력이다.
작은 소품이라도 하나 사오고 싶었지만
깨지 않고 가져갈 자신이 없어
그냥 돌아설 수밖에 없었다.
오래된 보물창고처럼 매혹적인 곳!

아스티에 드 빌라트 astier de villatte
open: mon~sat 11:00~19:30
tube: 173 Rue Saint Honoré, 75001 Paris
www.astierdevillatte.com

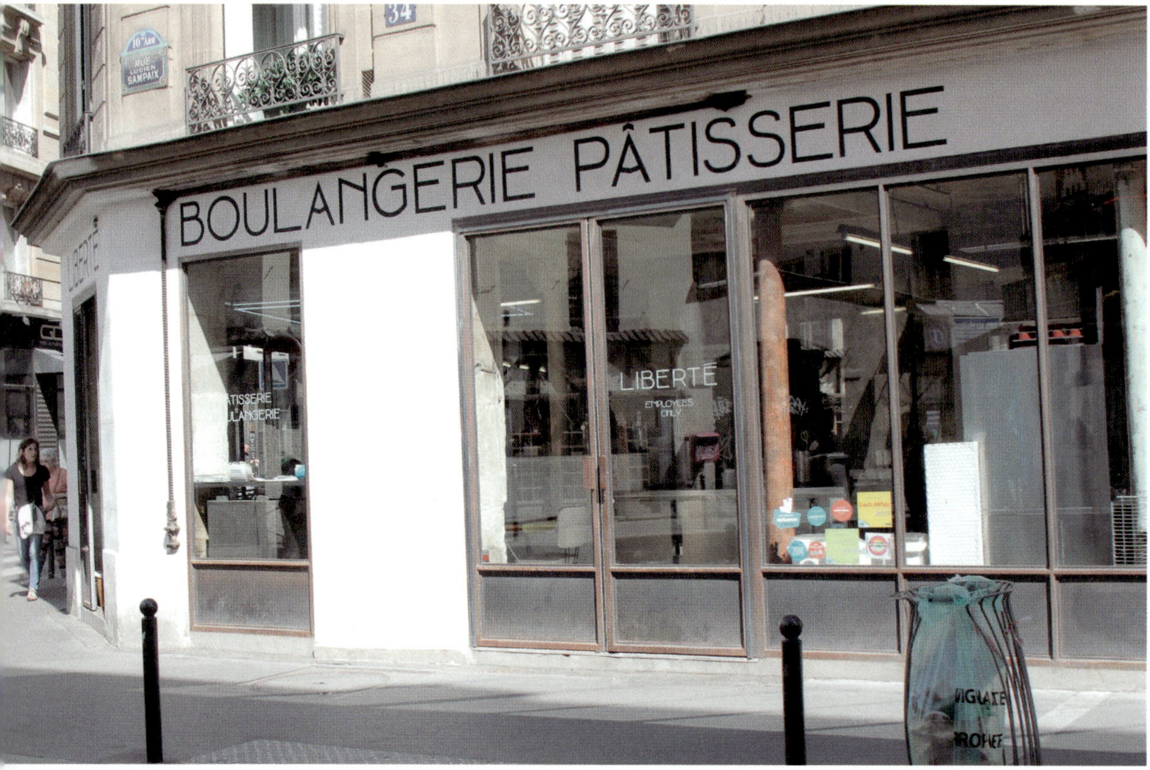
BOULANGERIE PÂTISSERIE
LIBERTÉ
34
LIBERTÉ
EMPLOYEES ONLY

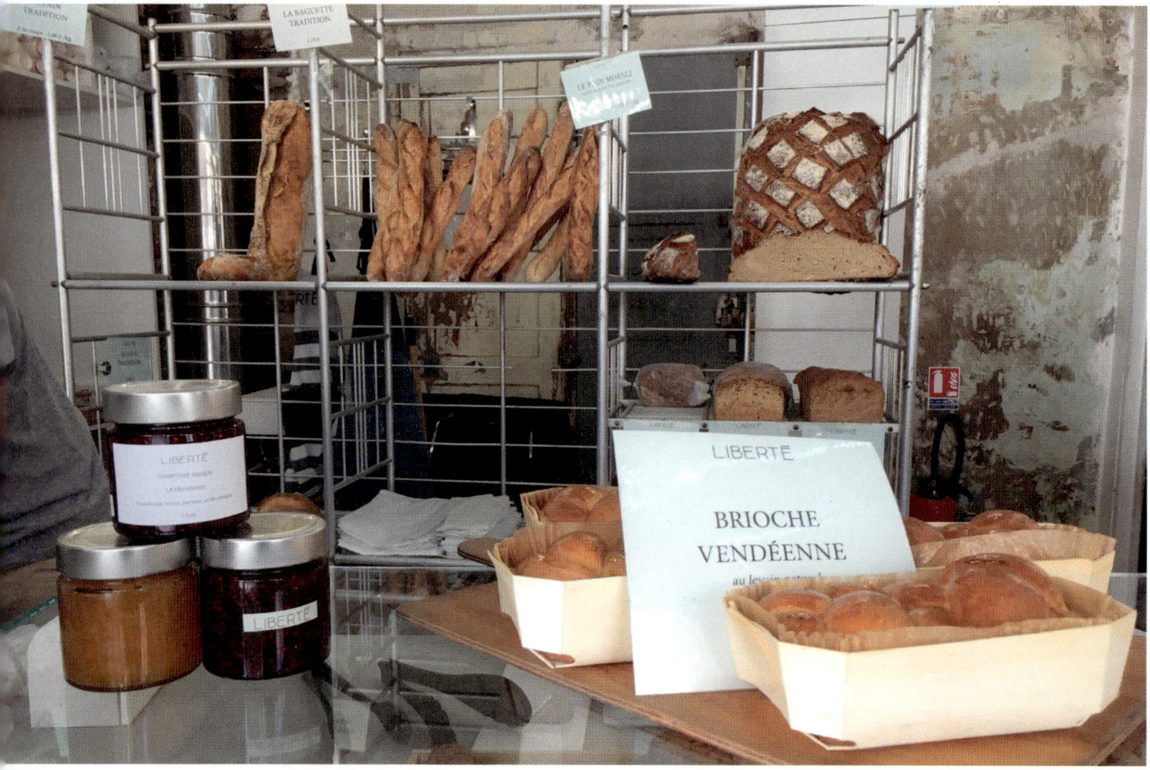
LA BAGUETTE TRADITION
LIBERTÉ
LIBERTÉ
LIBERTÉ
BRIOCHE VENDÉENNE

Vis pour voyager et voyage pour vivre

생 마르탱 운하에서 멀지 않은 곳에 있는 리베흐테,
바게트, 샌드위치, 타르틴, 파이 등
맛있는 제과 제품을 맛볼 수 있는 곳이다.

리베흐테 LIBERTÉ
open: mon~fri 7:30~20:00, sat 8:30~20:00
tube: 39 Rue des Vinaigriers, 75010 Paris
liberte-patisserie-boulangerie.com

Cosmos
Lobelia
LOBÉLIA
4€ le POT

Euchère
Cosmos
Gaura
PRODUCTION RÉGIONALE
Capucine
PRODUIT DE SAISON
PIERIS
GRAMINÉES VIVACES
18

Vis pour voyager et voyage pour vivre

봉 마르쉐 백화점 건너편에 위치한 콘란숍도
꼭 가볼 만한 장소 중 하나다.
특색 있는 가구와 침구, 각종 인테리어 소품과 책들…
볼거리로 가득하다.
'볼테르 부두' 거리를 걷다가 우연히 찾게 되었는데
이곳은 인테리어 숍과 맛있는 디저트 숍도 많은 골목이다.

콘란숍 The Conran Shop
open: mon~sat 10:00~19:30
tube: 117 Rue du Bac, 75007 Paris
www.conranshop.fr

볼테르 부두 rue du bac 거리에서
추천할만한 또 다른 베이커리 숍

라파티스리 데 레브 La Pâtisserie des Rêves
'꿈속의 과자'라는 뜻의 이름을 가진
이곳은 유명 파티시에 필리프 콘티치니의 숍이다.
tube: 93 Rue du Bac, 75007 Paris

Vis pour voyager et voyage pour vivre

Jour 28

도시 전체가
거대한 미술관

À paris;

Vis pour voyager et voyage pour vivre

맛있는 갈레뜨로 유명한 브레이즈 카페에서 운영하는 식료품점인데 카페 바로 옆에 위치하고 있다. 카페에서 맛있는 갈레뜨를 먹고 난 다음 각종 버터와 식자재, 와인을 파는 주변 숍을 둘러보는 코스는 굿 초이스!

브레이즈 카페 L'ÉPICERIE DU BREIZH CAFÉ
open: wen~sun 11:30~22:00
tube: 111 Rue Vieille du Temple, 75003 Paris

16구에서 가볼 만한 숍과 카페

마호쉐 드 파시 Marche de passy
신선한 야채, 고기, 생선을 파는 깔끔하게 정리된 실내 시장.
tube: 1 Rue Bois le Vent, 75016 Paris

넘버 41 NO 41
아침부터 밤까지 늘 동네 주민들로 넘치는 캐주얼 레스토랑.
tube: 41 Avenue Mozart, 75016 Paris

홀리데이 카페 Holiday cafe
'Holiday'라는 이름으로 매거진, 브랜드, 카페를 운영하는 곳이다. 최근에 홀리데이 카페는 매거진과 SNS에서도 종종 보인다. 깔끔한 인테리어가 인상적이고 가볍게 커피나 브런치를 즐길 수도 있다.
tube: 192 Avenue de Versailles, 75016 Paris
instagram: @holidaycafeparis

Vis pour voyager et voyage pour vivre

Thomas Hoepker
Magnum Photos
New Jersey,
États-Unis.
Vue sur Manhattan
depuis un sentier
des amoureux,
1983

내가 파리를 좋아하는 또 하나의 이유는
길에서 만나는 우연한 작품들 때문이다.
그냥 붙어 있는 브랜드 포스터마저 예술 작품 같고
지하철에서 전시 중인 매그넘 사진전도 유익하다.
도시 전체가 거대한 미술관 같다.

À paris; 289

Vis pour voyager et voyage pour vivre

À paris; 291

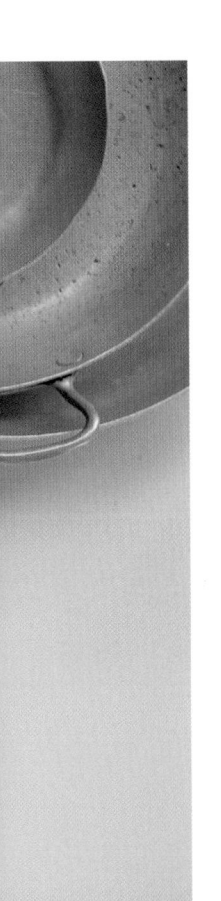

파리에서 밥 해먹기 쿠스쿠스 샐러드

쿠스쿠스(couscous)는 단단한 밀을 으깬
세몰리나를 쪄서 만든 식품으로,
북아프리카 마그레브 지방에서 주식으로 먹는 음식이다.
겨울에는 야채 스튜와 함께 곁들여서 먹거나
여름에는 차갑게 샐러드처럼 즐기기도 하는데,
식감이 쌀보다는 부드러워서 먹기에도 좋다.
쿠스쿠스는 입자가 작아 삶지 않고
스팀으로 익히는 것이 좋은데
번거롭다면 끓인 물을 부어 익혀도 좋다.
(쿠스쿠스 : 뜨거운 물 = 1 : 1)

ingredient

쿠스쿠스 30g
다진 파프리카 1큰술
다진 오이 1큰술
다진 그뤼에르 치즈 1큰술
방울토마토 1줌
쉐리와인 비네거 1큰술
버진올리브유 2큰술
소금 후추
뜨거운 물 60g
와일드 루꼴라 40g

recipe

1. 쿠스쿠스에 뜨거운 물을 붓고 랩으로 싸서 5분 정도 불려준다.
2. 쉐리와인 비네거와 버진올리브유, 소금, 후추를 넣어 소스를 만들어놓는다.
3. 다진 파프리카, 다진 오이, 다진 그뤼에르, 방울토마토를 섞어준다. 마지막에 불린 쿠스쿠스를 넣어준다.
3. 그릇에 와일드 루꼴라를 올리고 ③를 올린 다음 소스를 뿌려 장식하면 끝.

Vis pour voyager et voyage pour vivre

Jour 29

파리 안에
또 다른 파리

À paris;

Vis pour voyager et voyage pour vivre

봉 마르쉐에서 마미가토로
가는 길에 만난 앤틱 마켓.

마미가토는 지나다가 문 사이로 보이는
빈티지 소품이 예뻐서 와보고 싶었던 곳이다.
차와 디저트도 있었지만
우리는 키쉬와 샐러드를 먹기로 했다.
음식도 깔끔하고 맛있지만 식사를 하면서
소꿉장난하듯 아기자기하고 귀엽게 꾸며져 있는
매장을 구경하는 것 또한 즐거운 일이었다.
공간 곳곳에는 잼과 사탕 같은 디저트류도
따로 판매하고 있었다.
마미가토 이외에도 이 거리에는
여자들이 반할만한 작고 예쁜 카페나 레스토랑,
식료품점들이 많다.

마미가토 Mamie Gâteaux
open: tue~sat 11:45~18:00
tube: 66 Rue du Cherche-Midi, 75006 Paris
mamie-gateaux.com

로댕 미술관 MUSÉE RODIN
open: tue~sun 10:00~17:45
tube: 79 Rue de Varenne, 75007 Paris

2017년은 로댕의 서거 100주년이다.
그 기념으로 로댕 미술관에서는
그동안 공개하지 않았던 석고상을 최초로 공개하고,
그랑팔레 미술관에서는
그의 작품과 함께 로댕이 영향을 끼쳤던
유명 조각가들의 작품을 함께 전시한다.
파리의 공원이나 지하철역 플랫폼에서도
그의 작품을 전시하는 다양한 행사를 진행한다고 한다.
실내 전시도 훌륭했지만 무엇보다 좋았던 건
정원을 산책하며 곳곳에 숨어있는 작품을 찾는 것이었다.
사실 로댕 미술관에 갈까 말까 많이 고민했는데
생각했던 것보다 훨씬 마음에 들었다.

Vis pour voyager et voyage pour vivre

Vis pour voyager et voyage pour vivre

Jour 30

오 르보아, 파리

À paris;

Vis pour voyager et voyage pour vivre

바삭한 크루아상과 커피 한 잔으로
파리에서의 마지막 아침식사를 마쳤다.

'이제 정말 돌아가는구나!'

그리웠던 한국 음식을 맘껏 먹게 될 생각에
기쁘기도 하고,
몇 번을 경유해 집에 갈 생각에
마음이 분주하면서도,
꿈 같았던 파리의 일상을 뒤로 하고
바쁜 생활로 돌아간다고 생각하니,
자꾸 아쉬운 마음이 들었다.

하지만 괜찮다.
긴긴 인생,
아직 반도 오지 않았고
언젠가 또 파리에 올 테니까!

그때 또 해보면 되니까!

EPILOGUE

일상이 여행인 것처럼
여행이 일상인 것처럼

파리에 도착하고 일주일 동안 '어떤 게 살아보는 것인지, 무엇을 해야 진짜 파리지엔처럼 살아보는 것인지'에 대한 고민이 많았다. 첫 며칠 동안은 유명 잡지나 책에 소개된 카페나 레스토랑, 핫한 쇼핑몰 등을 찾아다녔다. 그런데 문득 '이런 게 살아보는 걸까?'라는 의문이 생겼다.
그래서 진짜 이곳에 살았던 유학시절을 떠올려봤다. 그때도 지금처럼 마냥 걷는 게 좋았고, 공원을 산책을 하는 것이 좋았으며, 미술관을 여유롭게 즐기고, 서점에서 책을 고르고, 카페에 멍하니 앉아 사람 구경하는 것을 즐겼다.
그래서 결심했다. 그냥 우리가 좋아하는 것들을 하면서 한 달을 보내는 걸로.

파리에서 한 달을 머문다고 해서 진짜로 파리지엔이 되는 건 아닐지도 모른다. 그들처럼 아침 일찍 일하러 나가는 것도 아니고, 그저 우리가 한 일은 생수 한

Vis pour voyager et voyage pour vivre

통과 사진기를 들고 도시를 순례하는 것뿐이다. 하지만 뻔한 일상에서 벗어나 낯선 도시에 머물며 휴식을 취하는 것은 우리에게 꼭 필요한 시간이었고, 이곳에 있는 동안만큼은 그들을 삶과 정서를 느껴보고자 최대한 노력했다.

《À Paris》에는 그 흔한 에펠탑 야경도, 개선문도, 샹젤리제 거리도 없다. 처음 파리에 가면 누구나 가보는 관광지가 이 책에는 없다. 대신 우리가 거리를 걸으면서 본 것들, 그것을 보면서 느꼈던 파리의 이미지가 생생하게 담겨있다. 나는 여러분이 책을 읽는 동안 잠시라도 파리의 마레 뒷골목을 걷고 있는 상상을 할 수 있으면 좋겠다. 마치 우리와 함께 걷고 있는 듯, 함께 머물러있는 듯.
일상이 여행인 것처럼, 여행이 일상인 것처럼.

À Paris;

초판 1쇄 발행 2017년 8월 24일
1판 12쇄 발행 2024년 3월 19일

지 은 이   최연정·최지민
발 행 인   김승호
편 집 인   서진
펴 낸 곳   스노우폭스북스

기획편집   황혜정
마 케 팅   김정현
디 자 인   이창욱

주   소   경기도 파주시 회동길 527 스노우폭스북스 빌딩 3층
대표번호   031-927-9965
팩   스   070-7589-0721
전자우편   edit@sfbooks.co.kr

출판신고   2015년 8월 7일 제406-2015-000159

ISBN 979-11-88331-12-3 13980
값 17,000원

· 이 책에 실린 모든 내용은 저작권법에 따라 보호를 받는 저작물이므로 무단 전재와 무단 복제를 금합니다. 이 책 내용의 전부 또는 일부를 사용하려면 반드시 출판사의 동의를 받아야 합니다.
· 스노우폭스북스는 여러분의 소중한 원고를 언제나 성실히 검토합니다.
· 잘못된 책은 구입처에서 교환해 드립니다.

스노우폭스북스는
"이 책을 읽게 될 단 한 명의 독자만을 바라보고 책을 만듭니다."